RELATION
DE CE QVI S'EST
PASSE' EN LA NOVVELLE
FRANCE SVR LE GRAND
Fleuue de S. Laurens en l'année
mil six cens trente-quatre.

ON R. PERE,

Les Lettres de vostre Reuerence, les tesmoignages de son affection pour la cõuersion de ces peuples, les effets de son amour en nostre endroit, la venuë de nos Peres qu'il luy a pleu nous enuoyer pour renfort cette année, les desirs qu'ont vn si grand nombre des nostres de venir en ces contrées sacrifier leurs vies & leurs trauaux pour la gloire de Nostre Seigneur: Tout cela ioinct auec le bon succez qu'eurent

A

les vaiſſeaux l'an paſſé à leur retour, & l'heureuſe arriuée de ceux qui ſont venus cette année, auec le zele que teſmoignent Meſſieurs les aſſociez de la Compagnie de la nouuelle France pour la conuerſion de ces peuples barbarres. Tous ces biens ioincts enſemble venãs fondre tout à coup dans nos grands bois par l'arriuée de Monſieur du Pleſſis General de la flotte qui nous met dãs la ioüiſſance des vns, & nous apporte les bonnes nouuelles des autres, nous comblent d'vne conſolation ſi grande, qu'il me ſeroit bien difficile de la pouuoir bien expliquer : Dieu en ſoit beny à iamais, ſi ſa bonté continuë de ſe reſpandre ſur ces Meſſieurs, comme nous l'en prions de toute l'eſtenduë de noſtre cœur, tant d'ames plongées dans vne nuict d'erreur qui dure depuis vn ſi long-temps, verront en fin le iour des veritez Chreſtiennes : Et noſtre bon Roy, Monſeigneur le Cardinal, Meſſieurs les Aſſociez, Monſieur le Marquis de Gamache grand appuy de noſtre Miſſion & quantité d'autres, par la faueur deſquels le Sang du Fils de Dieu leur ſera vn iour appliqué, auront la gloire & le merite d'auoir contribué à vne ſi saincte œuure.

RELATION

DE CE QVI S'EST PASSE'
EN LA
NOVVELLE FRANCE,
EN L'ANNE'E 1634.

Enuoyée au
R. PERE PROVINCIAL
de la Compagnie de IESVS
en la Prouince de France.

*Par le P. Paul le Ieune de la mesme Compagnie,
Superieur de la residence de Kebec.*

A PARIS,
Chez SEBASTIEN CRAMOISY, Imprimeur
ordinaire du Roy, ruë S. Iacques, aux Cicognes.

M. DC. XXXV.
AVEC PRIVILEGE DV ROY.

Extraict du Priuilege du Roy.

PAR Grace & Priuilege du Roy, il est permis à Sebastien Cramoisy, Imprimeur odinaire du Roy, marchand Libraire Iuré en l'Vniuersité de Paris, d'imprimer ou faire imprimer vn liure intitulé, *Relation de ce qui s'est passé en la Nouuelle France en l'année mil six cens trente-quatre, Enuoyée au Reuerend Pere Barthelemy Iaquinot, Prouincial de la Compagnie de* IESVS *en la Prouince de France, Par le P. Paul le Ieune de la mesme Compagnie, Superieur de la Residence de Kebec*: & cependant le temps & espace de neuf années consecutiues. Auec defenses à tous Libraires & Imprimeurs d'imprimer ou faire imprimer ledit liure, sous pretexte de desguisement, ou changement qu'ils y pourroient faire, à peine de confiscation, & de l'amende portée par ledit Priuilege. Donné à Paris le 8. Decembre mil six cens trente-quatre.

Par le Roy en son Conseil,

VICTON.

Ie distingueray la Relation de ceste année par chapitres, à la fin desquels ie mettray vn iournal des choses qui n'ont autre liaison que la suitte du temps auquel elles sont arriuées. Tout ce que ie diray touchant les Sauuages, ou ie l'ay veu de mes yeux, ou ie l'ay tiré de la bouche de ceux du pays, nommément d'vn vieillard fort versé dans leur doctrine, & de quantité d'autres auec lesquels i'ay passé six mois peu de iours moins, les suiuant dans les bois pour apprendre leur langue. Il est bien vray que ces peuples n'ont pas tous vne mesme pensée touchant leur creance, ce qui fera paroistre vn iour de la contrarieté entre ceux qui traicteront de leurs façons de faire.

Des bons deportemens des François.

CHAPITRE I.

Nous auons passé cette année dans vne grande paix & dans vne tres-bonne intelligence auec nos François. La sage conduitte & la prudence de Monsieur de Champlain Gouuerneur de Kebec & du fleuue sainct Laurens qui nous honore de sa bien-veillance, retenant vn chacun dans son deuoir, a fait que nos paroles & nos predicatiōs ayent esté bien receuës, & la Chappelle qu'il a fait dresser proche du fort à l'honneur de nostre Dame, a donné vne belle commodité aux François de frequenter les Sacremens de l'Eglise, ce qu'ils ont fait aux bonnes Festes de l'année, & plusieurs tous les mois auec vne grande satisfaction de ceux qui les ont assistez. Le fort a paru vne Academie bien reglée, Monsieur de Champlain faisant faire lecture à sa table le matin de quelque bon historien, & le soir de la vie des Saincts; le soir se fait l'examen de conscience en sa chambre, & les prieres en suitte qui se recitent à genoux. Il fait sonner la salutation Angelique au commencement, au milieu & à la fin du iour suiuant la coustume de l'Eglise. En vn mot nous auons subiect de nous consoler voyans vn chef si zelé pour la gloire de Nostre Seigneur & pour le bien de ces Messieurs.

Croiroit-on bien qu'il s'est trouué vn de nos François en Canada qui pour contrecarrer les dissolutions qui se font ailleurs au Carnaual, est venu le Mardy gras dernier, pieds & testé nuë sur la neige & sur la glace depuis Kebec iusques en nostre Chappelle, c'est à dire vne bonne demie lieuë, ieusnant le mesme iour pour accomplir vn vœu qu'il auoit fait à Nostre Seigneur, & tout cela sans autres tesmoings que Dieu & nos Peres qui le rencontrerent.

Pendant le sainct temps de Caresme, non seulement l'abstinence des viandes defenduës & le ieusne s'est gardé, mais aussi tel s'est trouué qui a fait plus de trente fois la discipline, deuotion bien extraordinaire aux soldats & aux artisans tels que sont icy la plus part de nos François.

Vn autre a promis d'employer en œuures pies la dixiesme partie de tous les profits qu'il pourra faire pendant tout le cours de sa vie. Ces petits eschantillons font voir que l'Hyuer n'est pas si rude en la nouuelle France qu'on n'y puisse recueillir des fleurs du Paradis.

Ie mettray en ce lieu, ne sçachant où le mieux placer ailleurs, ce qu'vn de nos François tres-digne de foy & recogneu pour tel, nous a raconté de Iacques Michel Huguenot qui amena les Anglois en ce païs cy: Ce miserable la veille de sa mort ayant vomy côtre Dieu & contre nostre sainct Pere Ignace mille blasphemes, & s'estant donné cette imprecation qu'il vouloit estre pendu s'il ne donnoit vne coupple de soufflets auant la nuict du iour suiuant à vn de nos Peres qui estoit pris de l'Anglois, vomissant contre luy des iniures fort messeantes, il fut surpris bien tost apres d'vne maladie qui luy osta toute cognoissance & le fit mourir le lendemain comme vne beste: Quatre circonstáces de ce rencontre donnerent de l'estonnement aux Huguenots mesmes, la maladie qui le prit quelques heures apres ses blasphemes, l'erreur des Chirurgiens qui estoient en nombre, lesquels donnerent des remedes soporiferes à vn letargique, son trespas si soudain & sans cognoissance, expirant sans qu'aucun s'en apperceust quoy qu'il y eust six hommes aupres de luy, la fureur des Sauuages enuers son corps qui le deterrerent & le pendirent selon son imprecation, puis le iettérent aux chiens? Les Anglois qui estoient dans le fort de Kebec ayant sceu cette histoire tragique, dirent tous estonnez, que si les Iesuites sçauoient tout cela qu'ils en feroient des miracles

Or nous le sçauons maintenant & cependant nous n'en ferons ny prodiges ny miracles : mais nous dirons seulement qu'il ne fait pas bon blasphemer contre Dieu ny contre ses saincts, ny se bander contre son Roy trahissant sa patrie : Mais venons maintenant à nos Sauuages.

De la conuersion, du Baptesme & de l'heureuse mort de quelques Sauuages.

CHAPITRE II.

Velques Sauuages se sont faicts Chrestiens cette année, trois ont esté baptisez cest Hyuer en mon absence, en voicy les particularitez toutes pleines de consolation que nos Peres m'ont raconté à mon retour.

Le premier estoit vn ieune homme nommé Sasousmat aagé de 25. à 30. ans, les François le surnommoient Marsolet : Le ieune homme entédant vn iour vn Truchement parler des peines d'Enfer & des recompenses du Paradis, luy dit, mene moy en France pour eſtre inſtruict, autrement tu reſpondras de mon ame, donc eſtant tombé malade il fut plus aiſé de l'induire à ſe faire Chreſtien, le Pere Brebœuf m'a donné de luy ce memoire.

„ Ayant appris la maladie de ce ieune hõme
„ ie le fus viſiter, & le trouuay ſi bas qu'il a-
„ uoit perdu le iugemẽt, nous voila dõc dans
„ vn regret de ne le pouuoir ſecourir, ce qui
„ fit prẽdre reſolution à nos Peres & à moy
„ de preſenter à Dieu le lendemain le Sa-
„ crifice de la Meſſe à l'honneur du glo-
„ rieux S. Ioſeph Patron de cette nouuelle
„ France, pour le ſalut & conuerſion de ce
„ pauure Sauuage : à peine auiõs nous quit-
„ té l'Autel qu'on nous vint aduertir qu'il
„ eſtoit rentré en ſon bon ſens, nous le fuſ-
„ mes voir, & l'ayans ſondé nous le trouuaſ-
„ mes remply d'vn grand deſir de receuoir
„ le S. Bapteſme, nous differaſmes neant-
„ moins quelques iours pour luy donner
„ vne plus grande inſtruction. En fin il m'en-
„ uoya prier par noſtre Sauuage nommé
„ Manitougatche, & ſurnommé de nos Frã-
„ çois la Naſſe, que ie l'allaſſe baptizer, di-
„ ſant que la nuict precedente il m'auoit
„ veu en dormant venir en ſa Cabane pour
„ luy conferer ce Sacremẽt, & qu'auſſi-toſt

que ie m'eſtois aſſis aupres de luy que rout ſon mal s'en eſtoit allé, ce qu'il me confirma quand ie le fus voir : ie luy refuſay neantmoins ce qu'il demandoit pour animer dauantage ſon deſir, ſi bien qu'vn autre Sauuage qui eſtoit preſent ne pouuant ſouffrir ce retardement, me demanda pourquoy ie ne le baptizois point puis qu'il ne falloit que ietter vn peu d'eau ſur luy & que s'en eſtoit fait, mais luy ayant reparty que ie me perdrois moy meſme ſi ie baptizois vn infidelle & vn mécreant mal inſtruict : le malade ſe tournant vers vn François, luy dit, Matchounon n'a point d'eſprit, c'eſt ainſi que s'appelloit cet autre Sauuage, il ne croit pas ce que dit le Pere, pour moy ie le crois entierement. Sur ces entrefaites les Sauuages voulans décabaner & tirer plus auāt dans les bois, Manitougatche qui commēçoit à ſe trouuer mal, nous vint prier de le receuoir & le pauure malade auſſi en noſtre maiſon, nous priſmes reſolution d'auoir ſoin des corps, pour aider les ames que nous voyons bien diſpoſées pour le Ciel. On met dōc ſur vne traine de bois ce bon ieune homme, & on nous l'amene ſur la neige, nous le receuons auec amour &

,, l'accommodons le mieux qu'il nous eſt
,, poſſible, luy tout remply d'aiſe & de con-
,, tentement de ſe voir auec nous, teſmoi-
,, gna vn grand deſir d'eſtre baptizé, & de
,, mourir Chreſtien. Le lédemain qui eſtoit
,, le 26. de Ianuier eſtant tombé dans vne
,, grãde ſyncope nous le baptizaſmes, croyãs
,, qu'il s'en alloit mourir, luy donnans le
,, nom de François en l'honneur de S. Fran-
,, çois Xauier, il reuint à ſoy, & ayant appris
,, ce qui s'eſtoit paſſé, il ſe monſtra plein de
,, ioye d'eſtre fait Enfant de Dieu, s'entre-
,, tenant touſiours iuſques à la mort, qui fut
,, deux iours apres, en diuers actes que ie
,, luy faiſois exercer tantoſt de Foy & d'Eſ-
,, perance, tantoſt d'Amour de Dieu & de
,, regret de l'auoir offencé, il prenoit en ce-
,, la vn plaiſir fort ſenſible, & recitoit tout
,, ſeul auec de grands ſentimens ce qu'on
,, luy auoit enſeigné, demandant vn iour
,, pardon à Dieu de ſes pechez, il s'accuſoit
,, tout haut ſoy-meſme comme s'il ſe fuſt
,, confeſſé, puis la memoire luy manquant,
,, Enſeigne moy (me diſoit-il) ie ſuis vn
,, pauure ignorant, ie n'ay point d'eſprit,
,, ſuggere moy ce que ie dois dire ; vne autre
,, fois il me pria de luy ietter de l'eau beniſte
,, pour l'aider à auoir douleur de ſes pechez,

cela m'estonna, car nous ne luy auions "
pas encores parlé de l'vsage de cette eau, "
nous ayant inuité à chanter aupres de luy "
quelques prieres de l'Eglise, nous le voyōs "
pendant ce sainct exercice les yeux esle- "
uez au Ciel auec vne posture si deuote "
que nous estions tous attendris, admirans "
les grādes misericordes que Dieu operoit "
dedans cette ame, qui en fin quitta son "
corps fort doucement le 28. de Ianuier "
pour aller ioüir de Dieu.

Quand la nouuelle de sa conuersion & de sa mort fut sceuë de nos François à Kebec, il y en eut qui ietterent des larmes de ioye & de contentemens, benissans Dieu de ce qu'il acceptoit les premices d'vne terre qui n'a presque porté que des espines depuis la naissance des siecles.

Il arriua vne chose biē remarquable peu d'heures apres sa mort, vne grāde lumiere parut aux fenestres de nostre maison, s'éleuant & s'abbaissant par trois fois, l'vn de nos Peres vid cét esclat, & plusieurs de nos hommes qui sortirent incontinent, les vns pour voir si le feu n'estoit point pris en quelque endroit de la maison, les autres pour voir s'il esclairoit, n'ayans trouué aucun vestige de cette flamme ils creurent que Dieu declaroit par ce prodige la lumiere dont ioüissoit cette ame qui nous venoit de quitter. Les Sauuages de la Cabane du defunct virent dans les bois où ils s'estoient retirez cette lumiere, ce qui les espouuenta d'autant plus qu'ils creurent que ce feu estoit vn presage d'vne future mortalité en leur famille.

I'estois pour lors (moy qui escris cecy) à quelques quarante lieuës de Kebec dãs la cabane des freres du defunct, cette lumiere s'y fit voir à mesme temps & à mesme heure, comme nous l'auons remarqué; depuis le Pere Brebœuf & moy confrontans nos memoires, & mon hoste frere du trespassé l'ayant apperceuë sortit dehors tout espouuanté, & la voyant redoubler s'escria d'vne voix si estonnante, que tous les Sauuages & moy auec eux sortismes de nos cabanes: ayant trouué mon hoste tout esperdu ie luy voulus dire que ce feu n'estoit qu'vn esclair, & qu'il ne falloit pas s'espouuanter, il me repartit fort à propos que l'esclair paroissoit & disparoissoit en vn moment, mais que cette flame s'estoit pourmenée deuant ses yeux quelque espace de teps: de plus, as-tu ia mais veu, me dit-il, esclairer ou tonner dans vn froid si cuisant comme est celuy que nous ressentons maintenāt? Il est vray qu'il faisoit fort froid, ie luy demanday ce qu'il croyoit dōc de ces feux, c'est, me fit-il, vn mauuais augure, c'est, vn signe de mort, il m'adiousta que le Manitou ou le diable se repaissoit de ces flammes.

Pour retourner à nostre bien-heureux defunct, nos Peres l'enterrerent le plus solemnellemēt qu'il leur fut possible, nos François s'y trouuans auec beaucoup de deuotiō. Manitougatche nostre Sauuage ayant veu tout cecy en outre, considerant que nous ne voulions rien prendre des hardes ou des robbes du trespassé, lesquelles il nous offroit, il resta si edifié & si estonné qu'il s'en alloit par les cabanes des Sauuages, qui vindrent bien-tost apres à Kebec, raconter tout ce qu'il auoit veu, disant que nous auions donné toute la meilleure nourriture que nous eussions à ce pauure ieune homme que nous en auions euvn soin cōme s'il eust esté nostre frere, que nous nous estions incommodez pour le loger, que nous n'auions rien voulu prendre de ce qui luy appartenoit, que nous l'auiōs enterré auec beaucoup d'hōneur. Cela en toucha si biē quelques-vns, notament de sa famille, qu'ils nous amenerent sa fille morte en trauail d'enfant pour l'enterrer à nostre façon, mais le P. Breboeuf les rencontrant leur dit, que n'ayāt pas esté baptizée nous ne la pouuiōs mettre dans le Cimetiere des enfans de Dieu. De plus sçachant qu'ils font ordinairement mourir l'enfant quand la mere le laisse si ieune, croyans qu'il ne fera que languir apres son deceds, le Pere pria Manitouchatche d'obuier à cette cruauté, ce qu'il fit volontiers, quoy que quelques-vns de nos François estoient desia resolus de s'en charger au cas qu'on luy voulust oster la vie.

Le second Sauuage baptizé a esté nostre Manitouchatche autrement la Nasse, i'en ay parlé dans mes Relations precedentes, il s'estoit comme habitué aupres de nous auant la prise du païs par les Anglois, commençant à defricher & à cultiuer la terre, le mauuais traictement qu'il receut de ces nouueaux hostes l'ayāt esloigné de Kebec, il tesmoignoit par fois à Madame Hebert qui resta icy auec toute sa famille qu'il souhaittoit grandement nostre retour. Et de fait si tost qu'il sceut nostre venuë il nous vint voir, & se cabana tout auprès de nostre maison, disant qu'il se vouloit faire Chrestien, nous asseurant qu'il ne nous quitteroit point si nous ne le chassions, aussi ne s'est-il pas beaucoup absenté depuis que nous sommes icy, cette communication luy a fait conceuoir quelque chose de nos mysteres. Le seiour qu'a fait en nostre maison Pierre Antoine le Sauuage son parent luy a seruy, dautant que nous luy auōs declaré par sa bouche les principaux articles de nostre creance. O que les iugemens de Dieu sont pleins d'abismes ! Ce miserable ieune homme qui a esté si bien instruict en France s'estant perdu parmy les Anglois, comme i'escriuis l'an passé, est deuenu apostat, renegat, excommunié, athée, valet d'vn Sorcier qui est son frere: Ce sont les qualitez que ie luy donneray cy apres parlant de luy : & ce pauure vieillard qui a tiré de sa bouche infectée les veritez du Ciel, a trouué le Ciel, laissant l'Enfer pour partage à ce renegat, si Dieu ne luy fait de grandes misericordes : Mais suiuans nostre route, apres la mort de Fraçois Sasousmat dont nous venons de parler, ce bon homme ennuyé de n'auoir auec qui s'entretenir : car pas vn de nous ne sçait

encores parfaictement la langue, se retira auec sa femme & auec ses enfans, mais la maladie dont il estoit desia attaqué, s'augmentant, il presse sa femme & ses enfans de le ramener auec nous, esperant la mesme charité qu'il auoit veu exercer enuers son compatriote, on le receut à bras ouuerts, ce qu'ayant apperceu, il s'escria, ie mourray maintenant content puis que ie suis auec vous. Or comme ses erreurs auoient vieilly auec luy, nos Peres recogneurent qu'il pensoit autant & plus à la santé de son corps qu'au salut de son ame, tesmoignant vn grand desir de viure, remettant son Baptesme iusques à mon retour, neantmoins comme il s'alloit affoiblissant ils souhaitterent de le voir vn petit plus affectiōné à nostre creance, ce qui les incita d'offrir à Dieu vne neufuaine à l'hōneur du glorieux Espoux de la saincte Vierge pour le bien de son ame, le cōmencement de cette deuotion fut le commencement de ses volontez plus ardantes, il se monstra fort desireux d'estre instruit commençant à mespriser ses superstitions, il ne voulut plus dormir qu'il n'eust au prealable prié Dieu, ce qu'il faisoit encores deuant & apres sa refection,
si bien

si bien qu'il differa vne fois plus de demie-heure à mãger ce qu'õ luy auoit presenté, pource qu'on ne luy auoit pas fait faire la benediction, demandant au Pere Brebœuf qu'il luy fist dire douze ou treize fois de suitte pour la grauer en sa memoire. C'estoit vn contentement plein d'edification, de voir vn vieillard de plus de soixante ans, apprendre d'vn petit François que nous auons icy, à faire le signe de la Croix, & autres prieres qu'il luy demandoit. Le Pere Brebœuf voyant que ses forces se diminuoient, & que d'ailleurs il estoit assez instruict, luy dit que sa mort approchoit, & que s'il vouloit mourir Chrestien, & aller au Ciel, qu'il falloit estre baptisé. A ces paroles il se monstra si ioyeux qu'il se traisna luy mesme comme il peut en nostre Chapelle, ne pouuant attendre que les Peres qui preparoient ce qu'il falloit pour conferer ce Sacrement le vinssent querir: vn de nos François, son Parrain, luy donna le nom de Ioseph. Deuant & pendant son baptesme, qui fut le troisiéme d'Auril, le Pere l'interrogeant sommairement sur tous les

B

articles du Symbole, & sur les commandemens de Dieu, il respondit nettement & courageusemét qu'il croyoit les vns, & s'efforceroit de garder les autres si Dieu luy rendoit la santé, monstrant de grands regrets de l'auoir offensé: sa femme & l'vne de ses filles estoient presentes, celle-là ne pouuoit tenir les larmes & l'autre se monstroit, toute estonnée, admirant la beauté des sainctes ceremonies de l'Eglise.

Ie retournay de mon hyueruement d'auec les Sauuages, six iours apres son baptesme, ie le trouuay bien malade, mais bien content d'estre Chrestien. Ie l'embrassay comme mon frere, bien resioüy de le voir enfant de Dieu, nous continuasmes de l'instruire, & de luy faire exercer des actes des vertus, notamment Theologales, pendant l'espace de douze iours, qu'il suruescut apres son baptesme.

Les Sauuages desirans le penser à leur mode auec leurs chants, auec leurs tintamarres, & auec leurs autres superstions, tascherent plusieurs fois de nous l'enleuer iusques là, qu'ils amenerent vne traine pour le reporter, & l'vn de leurs forciers ou iongleurs le vint voir exprés pour le débaucher de nostre creance : mais le bon Neophyte tint ferme, respondant qu'on ne luy parlast plus de s'en aller, & qu'il ne nous quitteroit point, que nous ne l'enuoyassiõs. Ce n'est pas vne petite marque de l'efficacité de la grace du sainct Baptesme, de voir vn homme nourry depuis soixante ans & plus, dedans la Barbarie, habitué aux façons de faire des Sauuages, imbu de leurs erreurs & de leurs resueries, resister à sa propre femme, à ses enfans, & à ses gendres, & à ses amis & à ses compatriotes, à ses *Manitousiouets*, sorciers ou iongleurs, non vne fois, mais plusieurs pour se jetter entre les bras de quelques estrangers, protestant qu'il veut embrasser leur creance, mourir en leur Foy & dedans leur maison. Cela fait voir que la grace peut donner du poids à l'ame d'vn Sauuage naturellement inconstante.

Enfin, apres auoir instruit nostre bon Ioseph du Sacrement de l'Extreme-Onction, nous luy conferasmes, & iustement le Samedy Sainct son ame partit de son corps, pour s'en aller cele-

brer la feste de Pasques au Ciel. L'vn
de ses gendres l'ayant veu fort bas,
estoit demeuré aupres de luy pour voir
comme nous l'enseuelirions apres sa
mort, desirant qu'on luy donnast vne
Castelogne & son petunoir, pour s'en
seruir en l'autre monde : mais comme
il alloit porter la nouuelle de cette
mort à la femme du deffunct, nous
l'enseuelismes à la façon de l'Eglise
Catholique, honorant ses obseques le
mieux qu'il nous fut possible. Monsieur de Champlain pour tesmoigner
l'amour & l'honneur que nous por-
tons à ceux qui meurent Chrestiens,
fist quitter le trauail à ses gens, &
nous les enuoya pour assister à l'office,
nous gardasmes le plus exactement
qu'il nous fut possible les ceremonies
de l'Eglise, ce qui agrea infiniment
aux parens de ce nouueau Chrestien;
vne chose neantmoins leur depleut
quand on vint à mettre le corps dans
la fosse, ils s'apperceurent qu'il y auoit
vn peu d'eauë au fonds, à raison que
les neiges se fondoient pour lors &
degouttoient là dedans, cela leur frap-
pa l'imagination, & comme ils sont

superstitieux les attrista vn petit. Cet erreur ne sera pas difficile à combatre, quand on sçaura bien leur langue; voila à mon aduis les premiers des Sauuages adultes baptisez, & morts constans en la foy dans ces contrées.

Le troisiesme Sauuage baptisé cette année, estoit vn enfant âgé de trois à quatre mois seulement, son Pere estant en cholere contre sa femme, fille de nostre bon Ioseph, soit pource qu'elle le vouloit quitter, ou qu'il estoit touché de quelque ialousie, il print l'enfant & le ietta contre terre pour l'assommer: Vn de nos François suruenant là dessus, & se souuenant que nous leurs auions recommandé de conferer le Baptesme aux enfans qu'ils verroient en danger de mort, au cas qu'ils ne nous peussent appeller, il prit de l'eauë & le baptiza : ce pauure petit neantmoins ne mourut pas du coup, sa mere le reprit & l'emporta auec soy dans les Isles quittant son mary, qui nous a dit depuis qu'il croit que son fils est mort, sa mere estant tombée dans vne maladie qu'il iuge mortelle.

Le quatriesme estoit fils d'vn Sau-

B iij

uage nommé Khiouirineou, sa mere s'appelloit Ouitapimoueou, ils auoiēt donné nom à leur petit Itaouabisisiou ses parens me promirent qu'ils nous l'apporteroient pour l'enterrer en nostre cimetiere au cas qu'il mourut, & qu'ils nous le donneroient pour l'instruire s'il guerissoit, car il estoit malade, faisans ainsi paroistre le contentement qu'ils auoient que leur petit fils receut le sainct Baptesme. Ie le baptisay donc, & luy donnay le nom de Iean Baptiste, ce iour estant l'octaue de ce grand Sainct. Le sieur du Chesne Chirurgien de l'habitation, qui vient volontiers auec moy par les Cabanes, pour nous aduertir de ceux qu'il iuge en danger de mort fut son parrain.

Le cinquiesme fut baptizé le mesme iour, son Pere auoit tesmoigné au sieur Oliuier truchement, qu'il eut bien voulu qu'on eust fait à son fils ce qu'on fait aux petits enfans François, c'est à dire qu'on l'eust baptizé, le sieur Oliuier m'en ayant donné aduis i'allay voir l'enfant, ie differay le baptesme pour quelques iours, le trouuant encore plein de vie; en fin le P. Buteux &

moy l'estans retournez voir, nous appellasmes Monsieur du Chesne, qui nous dit que l'enfant estoit bien mal. ie demanday à son Pere s'il seroit content qu'on le baptizât, tres-côtent (fit-il,) s'il meurt ie le porteray en ta maison, s'il retourne en santé il sera ton fils, & tu l'instruiras. Ie le nommé Adrian du nom de son Parrain, il se nommoit auparauant Pichichich, son Pere est surnommé des François Baptiscan, il s'appelle en Sauuage Tchimaouirineou, sa mere Matouetchiouanouecoueou. Ce pauure petit âgé d'enuiron 8. mois s'enuola au Ciel, la nuict suiuante son Pere ne manqua pas d'apporter son corps, amenant auec soy dix-huict ou vingt Sauuages, hommes, femmes & enfans, ils l'auoient enueloppé dans des peaux de Castor, & pardessus d'vn grand drap de toile, qu'ils auoient achepté au magazin, & encore pardessus d'vne grande escorce redoublée. Ie déueloppay ce pacquet, pour voir si l'enfant estoit dedans, puis ie le mis dans vn cercueil que nous luy fismes faire, ce qui agrea merueilleusement aux Sauuages : car ils croyent que l'ame de l'enfant se doit seruir en l'autre monde de l'ame, de toutes les choses qu'on luy donne à son depart, ie leur dis bien que cette ame estoit maintenant dedans le Ciel, & qu'elle n'auoit que faire de toutes ces pauuretez neātmoins nous les laissasmes faire, de peur que si nous les eussions voulu empescher, ce que i'aurois peu faire, (car le Pere chanceloit desia,) les autres ne nous permissent pas de baptizer leurs enfans quand ils seroient malades, où du moins ne les apportassent point apres leur mort. Ces pauures gens furent rauis, voyants cinq Prestres reuestus de surplis honorer ce petit ange Canadien, chantant ce qui est ordonné par l'Eglise, couurans son cercueil d'vn beau parement, & le parsemant de fleurs: nous l'enterrasmes auec toute la solemnité qui nous fut possible.

Tous les Sauuages assistoient à toutes les ceremonies, quand ce vint à le mettre en la fosse, sa mere y mit son berceau auec luy & quelques autres hardes selon leur coustume, & bientost apres tira de son laict dans vne petite escuelle d'escorce quelle brusla sur l'heure mesme. Ie demanday pourquoy elle faisoit cela, vne femme me repartit, qu'elle donnoit à boire à l'enfant, dont l'ame beuuoit de cé laict. Ie l'instruisis là dessus, mais ie parle encores si peu qu'à peine me pût elle entendre.

Apres l'enterrement nous fismes le festin des morts, donnans à manger de la farine de bled d'Inde, meslée de quelques pruneaux à ces bonnes gens, pour les induire à nous appeller quand eux ou leurs enfans seront malades. Bref ils s'en retournerent auec fort grande satisfaction, comme ils firent paroistre pour lors, & particulierement deux iours apres.

Le Pere Buteux retournant de dire la Messe de l'habitation, comme il visitoit les Cabanes des Sauuages, il rencontra le corps mort du petit Iean Baptiste qu'on enueloppoit comme l'autre, ses parents, quoy que malades, luy promirent de l'apporter chés nous. On ma desia fait recit (dit la mere de l'honneur & du bon traictement que vous faictes à nos enfans, mais ie ne veux point qu'on d'eueloppe le mien. Là dessus le Pere du premier trespassé luy dist, on ne fait point de mal à l'enfant on ne luy oste point ses robbes, on regarde seulement s'il est dedans le pacquet, & si nous ne sommes point trompeurs, elle acquiesça & presenta son fils pour estre porté dans nostre Chapelle, dans laquelle le Pere Buteux nous l'amena en la compagnie de ses parens & des autres Sauuages; nous l'enterrasmes auec les mesmes ceremonies que l'autre, & eux luy donnerent aussi ses petits meubles pour passer en l'autre monde, nous fismes encores le festin qu'ils font à la mort de leurs gens, bien ioyeux de voir ce peuple s'affectionner petit à petit, aux sainctes actions de l'Eglise Chrestienne & Catholique.

Le quatorziesme de Iuillet ie baptizay le sixiesme, c'estoit vne petite Algonquine aagée d'enuiron vn an, ie ne l'eusse pas si tost fait Chrestienne, n'estoit que ses parens s'en vouloient aller vers leur pays. Or iugeant auec Monsieur du Chesne, que cet enfant trauaillé d'vne fieure ethique, estoit en *de l'année* 1634. 27

danger de mort, ie luy conferay ce Sacrement, elle fût appellée Marguerite, on la nommoit en Sauuage *Memichtigouchiouiſcoueou*, c'ſt à dire, femme d'vn European, ſon Pere ſe nomme en Algonquain *Pichibabich*, c'eſt à dire Pierre, & ſa mere Chichip, c'eſt à dire vn Canard, ils m'ont promis que ſi cette pauure petite recouure ſa ſanté qu'ils me l'apporteroient, pour la mettre entre les mains de l'vne de nos Françoiſes, comme ce peuple eſt errant, ie ne ſçai maintenant où elle eſt, ie crois qu'elle n'eſt pas loing du Paradis, ſi elle n'y eſt deſia.

La ſeptieſme perſonne que nous auons mis au nombre des enfans de Dieu, par le Sacrement de Bapteſme, c'eſt la mere du petit Sauuage, que nous auions nommé bien-venu; elle s'appelloit en Sauuage *Ouroutiuoucaueu*, & maintenant on l'appelle Marie, ce beau nom luy a eſté donné, ſuiuant le vœu qu'auoit fait autresfois le R. Pere Charles l'Allement, que la premiere Canadienne que nous baptizerions, porteroit le nom de la ſaincte Vierge, & le premier Sauuage, celuy de de son glorieux Espoux sainct Ioseph, nous n'auions point cognoissance de ce vœu, quand les autres ont esté baptizés. I'espere que dans fort peu de iours il sera entierement accomply: mais pour retourner à nostre nouuelle Chrestienne, l'ayant trouuée proche du fort de nos François, abandonnée de ses gens, pource qu'elle estoit malade, ie luy demanday qui la nourrissoit, elle me respondit que les François luy donnoient quelque morceau de pain, & que quelques vns reuenans de la chasse, luy iettoient par fois en passant vne tourterelle, si vous vous voulez cabaner, luy dis-je, proche de nostre maison, nous vous nourrirõs, & vous enseignerons le chemin du Ciel; Elle me repartit d'vne voix languissante, car elle estoit fort mal, helas! i'y voudrois bien aller, mais ie ne sçaurois plus marcher, aye pitié de moy, enuoye moy querir dans vn Canot. Ie n'y manquay pas le lendemain matin 23. Iuillet ie la fis apporter proche de nostre maison; la pauure fẽme me demãdoit bien si elle n'entreroit point chez nous, elle s'attẽdoit que nous luy feriõs la mesme charité que nous auions fait aux deux premiers baptizés, mais ie luy refpõdis qu'elle eſtoit fẽme, & que nous ne pouuions pas la loger dãs nôtre maiſõnette qui eſt fort petite, que neãtmoins nous luy porterions à manger dans ſa Cabane, & que tous les iours ie l'irois voir pour l'inſtruire, elle fut contente. Quand ie commençay à luy parler de la ſaincte Trinité, diſant, que le Pere, & le Fls, & le ſainct Eſprit, n'eſtoient qu'vn Dieu qui a tout fait : ie le ſçay bien, me fit-elle, ie le crois ainſi ; Ie fus tout eſtonné à cette repartie, mais elle me dit que noſtre bon Sauuage Ioſeph luy rapportoit par fois ce que nous luy diſions, cela me conſola fort, car en peu de temps elle fut ſuffiſamment inſtruicte pour eſtre baptizée : i'eſtois ſeulement en peine de luy faire conceuoir vne douleur de ſes pechez, les Sauuages n'ont point en leur langue, ſi bien en leurs mœurs, ce mot de peché : le mot de meſchanceté & de malice ſignifie parmy eux vne action contre la pureté, à ce qu'ils m'ont dit ; i'eſtois donc en peine de luy faire conceuoir vn deplaiſir d'auoir offencé

Dieu, ie luy leus par plusieurs fois les Commandemens, luy disant que celuy qui à tout fait haïssoit ceux qui ne luy obeïssoient pas, & qu'elle luy dit qu'elle estoit bien marrie de l'auoir offencé: La pauure femme qui auoit bien retenu les deffences que Dieu a fait à tous les hommes de mentir, de paillarder, de desobeïr à ses parents, s'accusa tout seule de toutes ses offences par plusieurs fois: disant de soy mesme, celuy qui as tout fait aye pitié de moy, IESVS, Fils de celuy qui peut tout, fais moy misericorde : ie te promets que ie ne m'enyureray plus ny que ie ne diray plus de paroles des honnestes, que ie ne mentiray plus, ie suis marrie de t'auoir fasché, i'en suis marrie de tout mon cœur, ie ne mens point, aye pitié de moy, si ie retourne en santé, ie croiray tousiours en toy, ie t'obeiray tousiours, si ie meurs aye pitié de mon ame ; l'aiant donc veuë ainsi disposée, craignant d'ailleurs qu'elle ne mourust subitement, car elle estoit fort malade, ie luy demanday si elle ne vouloit pas bien estre baptizée, ie voudrois bien encore viure, me dit-elle, je cogneu qu'elle s'imaginoit que nous ne donnions point le baptesme qu'à ceux qui deuoient mourir incontinent apres; ie luy fist entendre que nous estions tous baptizés, & que nous n'estions pas morts, que le baptesme rendoit plutost la santé du corps, qu'il ne l'ostoit; baptise moy donc au plutost me fit elle: ie la voulus esprouuer, il estoit arriué quelques canots de Sauuages à Kebec, ie luy dis, voila vne compagnie de tes gens qui vient d'arriuer, si tu veux t'en aller auec eux, ils te receuront, & ie te feray porter en leurs cabanes; la pauure creature se mit à pleurer & à sanglotter si fort, qu'elle me toucha, me tesmoignant par ses larmes qu'elle vouloit estre Chrestienne, & que ie ne la chassasse point: enfin voiant son mal redoubler, nous prismes resolution de la baptizer promptement; ie luy fist entendre qu'elle pourroit mourir la nuict, & que son ame s'en iroit dans les feux, si elle n'estoit baptizée: que si elle vouloit receuoir ce sacrement en nostre Chappelle, que ie l'y ferois apporter dans vne couuerture, elle tesmoigna qu'elle en estoit contente: ie men vay, luy disie, preparer tout ce qu'il fault, prends courage, ie t'enuoieray bientost querir: la pauure femme n'eut pas la patience d'attendre, elle se traisne comme elle pût, se reposant à tous coups, en fin elle arriua à nostre maison esloignée de plus de deux cent pas de sa cabane, & se jetta par terre n'en pouuant plus, estant reuenuë à soy, ie la baptizay en presence de nos Peres, & de tous nos hommes: elle me respondit brauement à toutes les demandes que ie luy feis, suiuant l'ordre de conferer ce Sacrement aux personnes qui ont l'vsage de raison: Nous la reportasmes dans sa cabane toute pleine de joie, & nous remplis de consolation voiant la grace de Dieu operer dans vne ame où le diable auoit fait sa demeure si long temps. Cecy arriua le premier iour d'Aoust.

Le lendemain quelques François m'estant venus voir, l'allans visiter, ils la trouuerent tenant vn Crucifix en main, & l'apostrophant fort doucement! Toy qui est mort pour moy, fais moy misericorde, ie veux croire en toy

toy toute ma vie, aye pitié de mon ame: Ie rapporte expreſſement toutes ces particularitez, pour faire voir que nos Sauuages ne ſont point ſi barbares qu'ils ne puiſſent eſtre faits enfans de Dieu : I'eſpere que là où le peché a regné, que la grace y triomphera, cette pauure femme veit encores plus proche du Ciel que de la ſanté.

Ie concluerray ce Chapitre par vn chaſtiment aſſez remarquable d'vne autre Canadienne, qui ayant fermé l'oreille à Dieu pendant ſa maladie, ſemble auoir eſté rejettée à ſa mort. Le Pere Brebœuf l'ayant eſté voir, pour luy parler de receuoir la foy, elle ſe mocqua de luy, & meſpriſa ſes paroles: ſa maladie l'ayant terraſſée, & les Sauuages voulans decabaner, la porterent à cette honneſte famille, habituée icy depuis vn aſſez long temps; mais n'ayāt pas où la loger, ces Barbares la traineren au fort, ſi nous n'euſſions eſté ſi eſloignez, aſſeurément ils nous l'auroient amenée; car ie me doute qu'ils la preſentoiēt à nos François, voyans que nous auions receu auec beaucoup d'amour les deux Sauuages morts Chre-

C

stiens. Monsieur de Champlain voyant qu'il estoit desia tard luy fist donner le couuert pour vne nuict, ceux qui estoient dans la chambre où on la mit furent contraints d'en sortir, ne pouuans supporter l'infection de cette femme.

Le iour venu Monsieur de Champlain fist appeller quelques Sauuages, & leur ayant reproché leur cruauté d'abandonner cette creature qui estoit de leur nation, ils la reprirent & la trainerent vers leurs Cabanes, la rebutans comme vn chien, sans luy donner le couuert. Cette miserable se voyant delaissée des siens, exposée à la rigueur du froid, demáda qu'on nous fist appeller; mais cõme il n'y auoit point là de nos François, les Sauuages ne voulurent pas prendre la peine de venir iusques en nostre maison, esloignée d'vne bonne lieuë de leurs Cabanes, si bien que la faim, le froid, la maladie, & les enfans des Sauuages, à ce qu'on dit, la tuerent; nous ne fusmes aduertis de cette histoire tragique que quelques iours apres sa mort: s'il y auoit icy vn Hospital il y auroit tous les malades du pays, & tous les vieillards, pour les hommes nous les secourerons, selon nos forces, mais pour les femmes il ne nous est pas bien seant de les receuoir en nos maisons.

Des moyens de conuertir les Sauuages.

CHAPITRE III.

LE grand pouuoir que firent paroistre les Portugais au commencement dedans les Indes Orientales & Occidentales, ietta l'admiration bien auant dedans l'esprit des Indiens, si bien que ces peuples embrasserent quasi sans contreditte la creance de ceux qu'ils admiroient. Or voicy à mon aduis les moyens d'acquerir cet ascendant, pardessus nos Sauuages.

Le premier est d'arrester les courses de ceux qui ruinent la Religion, & de se rendre redoutables aux Hiroquois, qui ont tué de nos hommes, comme chacun sçait, & qui tout fraischement ont massacré deux cent Hurons, & en ont pris plus de cent prisonniers. Voila selon ma pensée la porte vnique, par laquelle nous sortirons du mespris, où la negligence de ceux qui auoient cy-deuant la traicte du pays, nous ont iet-té par leur auarice.

Le second moyen de nous rendre recommandables aux Sauuages, pour les induire à receuoir nostre saincte foy, seroit d'enuoyer quelque nombre d'hommes bien entendus à defricher & cultiuer la terre, lesquels se ioignants auec ceux qui sçauroient la langue, trauailleroient pour les Sauuages, à cõdition qu'ils s'arresteroient, & mettroient eux-mesmes la main à l'œuure, demeurants dans quelques maisons qu'on leur feroit dresser pour leur vsage, par ce moyen demeurants sedentaires, & voyants ce miracle de charité en leur endroit, on les pourroit instruire & gaigner plus facilement. M'entretenant cét Hyuer auec mes Sauuages, ie leurs communiquois ce dessein, les asseurant que quand ie sçaurois parfaictement leur langue, ie le aiderois à cultiuer la terre, si ie pou^s uois auoir des hommes, & s'ils se vouloient arrester, leurs representant la misere de leurs courses, qui les touchoit pour lors assez sensiblement. Le Sorcier m'ayant entendu, se tourna vers ses gens, & leur dit, voyez comme cette robe noire ment hardiment en nostre presence ; ie luy demandy pourquoy il se figuroit que ie mentois, pource, dit-il, qu'on ne voit point d'hommes au monde si bons comme tu dis, qui voudroient prendre la peine de nous secourir sans espoir de recompense, & d'employer tant d'hommes pour nous aider sans rien prendre de nous ; si tu faisois cela, adjousta-il, tu arresterois la plusparc des Sauuages, & ils croiroient tous à tes paroles.

Ie m'en rapporte, mais si ie puis tirer quelque conclusion des choses que ie vois, il me semble qu'on ne doit pas esperer grande chose des Sauuages, tant qu'ils seront errants ; vous les instruisés auiourd'huy, demain la faim vous enleuera vos auditeurs, les contraignant d'aller chercher leur vie dans les fleuues & dans les bois. L'an passé ie faisois le Catechisme en begaiant à bon nombre d'enfans; les vaiſſeaux partis, mes oyſeaux s'enuolerent qui d'vn coſté qui de l'autre, cette année que ie parle vn petit mieux, ie les penſois reuoir, mais s'eſtans cabanez delà le grand fleuue de S. Laurens, i'ay eſté fruſtré de mon attente. De les vouloir ſuiure, il faudroit autant de Religieux qu'ils ſont de cabanes, encor n'en viendroit on pas à bout; car ils ſont tellement occupez à queſter leur vie parmy ces bois, qu'ils n'ont pas le loiſir de ſe ſauuer, pour ainſi dire. De plus ie ne crois point que de cent Religieux, il y en ait dix qui puiſſent reſiſter aux trauaux, qu'il faudroit endurer à leur ſuitte. Ie voulus demeurer auec eux l'Automne dernier, ie n'y fus pas huict iours, qu'vne fieure violente me ſaiſit, & me fiſt rechercher noſtre petite maiſon, pour y trouuer ma ſanté: Eſtant guary ie les ay voulu ſuiure pendant l'Hiuer, i'ay eſté fort malade la pluſpart du temps. Ces raiſons & beaucoup d'autres que ie deduirois, n'eſtoit que ie crains d'eſtre lõg, me font croire qu'on trauaillera beaucoup, & qu'on auancera fort peu, ſi on n'arreſte ces Barbares, de leur vouloir perſuader de cultiuer d'eux-meſmes ſans eſtre ſecourus, ie doute fort ſi on le pourra obtenir de long temps; car ils n'y entendent rien: De plus où retireront ils ce qu'ils pourront recueillir, leurs cabanes n'eſtants faites que d'eſcorce? la premiere gelée gaſtera toutes les racines & les citrouilles qu'ils auroient ramaſſées. De ſemer des poids & du bled d'Inde, ils n'ont point de place dans leurs todis, mais qui les nourrira pendant qu'ils commenceront à défricher; car ils ne viuent quaſi qu'au iour la iournée, n'ayāt pour l'ordinaire au temps qu'il faut défricher aucunes prouiſions. Enfin quand ils ſe tueroiēt de trauailler, ils ne pourroient pas retirer de la terre la moitié de leur vie, iuſques à ce qu'elle ſoit défrichée, & qu'ils ſoient bien entendus à la faire profiter.

Or auec le ſecours de quelques braues ouuriers de bon trauail, il ſeroit aiſé d'arreſter quelques familles, veu que quelques vns m'en ont deſ-ja parlé, s'accouſtumans d'eux meſmes petit à petit à tirer quelque choſe de la terre.

Ie ſçay bien qu'il y a des perſonnes de

bon jugement, qui croyent qu'encor que les Sauuages soient errants, que la bonne semence de l'Euangile ne laissera pas de germer & de fructifier en leur ame, quoy que plus lentement, pource qu'on ne les peut instruire que par reprises. Ils se figurẽt encor que s'il passe icy quelques familles, comme on a desja commencé d'en amener, que les Sauuages, prendrõt exemple sur nos François, & s'arresteront pour cultiuer la terre. Ie fus frappé de ces pensées au commencement que nous vinsmes icy, mais la cõmunicatiõ que i'ay euë auec ces peuples, & les difficultez qu'ont des hõmes habituez dans l'oisiueté, d'embrasser vn fort trauail, comme est la culture de la terre, me fõt croire maintenant que s'ils ne sont secourus, ils perdront cœur, notamment les Sauuages de Tadoussac. Car pour ceux des trois riuieres, où nos François font faire vne nouuelle habitation cette année, ils ont promis qu'ils s'arresteront là & qu'ils semeront du bled d'Inde, ce qui me semble n'est pas tout à faict asseuré, mais probable, pour autant que leurs predecesseurs ont eu autresfois vne bonne bourgade en cet endroict, qu'ils ont quittée pour les inuasions des Hiroquois leurs ennemis.

Le Capitaine de ce quartier là, m'a dit que la terre y estoit fort bonne, & qu'ils l'aimoient fort s'ils deuiennent sedentaires, comme ils en ont maintenant la volonté, nous preuoyons là vne moisson plus feconde des biens du Ciel, que des fruicts de la terre.

Le troisiesme moyen d'estre bien-voulu de ces peuples, seroit de dresser icy vn seminaire de petits garçons, & auec le temps vn de filles, soubs la conduitte de quelque braue maistresse, que le zele de la gloire de Dieu & l'affectiō au salut de ces peuples, fera passer icy, auec quelques Compagnes animées de pareil courage. Plaise à sa diuine Majesté d'en inspirer quelques vnes, pour vne si noble entreprise, & leur fasse perdre l'apprehension que la foiblesse de leur sexe leur pourroit causer, pour auoir à trauerser tant de mers, & viure parmy des Barbares.

A ce dernier voyage des femmes enceintes sont venuës, & ont aisemét surmonté ces difficultez, comme auoient faict d'autres auparauant. Il y a auſſi du plaiſir d'appriuoiſer des ames Sauuages, & les cultiuer pour receuoir la ſemence du Chriſtianiſme. Et puis l'experience nous rend certains, que Dieu qui eſt bon & puiſſant enuers tous, au reſpect neantmoins de ceux qui s'expoſent genereuſemēt & ſouffrent volontiers pour ſon ſeruice, il a des careſſes aſſaiſonnées de tant de ſuauitez, & les ſecourt parmy leurs dangers d'vne ſi prompte & paternelle aſſiſtance, que ſouuent ils ne ſentent point leurs trauaux, ains leurs peines leur tournent à plaiſir, & leurs perils à conſolation ſinguliere: Mais ie voudrois tenir icy où nous ſommes les enfans des Hurons. Le Pere Brebœuf nous faict eſperer que nous en pourrons auoir, s'il entre auec nos Peres dans ces pays bien peuplez, & ſi on trouue dequoy fonder ce ſeminaire. La raiſon pourquoy ie ne voudrois pas prēdre les enfans du pays dans le pays meſme, mais en vn autre endroict, c'eſt pour autant que ces Barbares ne peuuent ſupporter qu'on chaſtie leurs enfants, non pas meſme de paroles, ne pouuans rien refuſer à vn enfant qui pleure, si bien qu'à la moindre fantaisie ils nous les enleueroient deuant qu'ils fussent instruicts; mais si on tient icy les petits Hurōs, ou les enfans des peuples plus esloignez, il en arriuera plusieurs biens: car nous ne serōs pas importunés ny destournés des peres en l'instruction des enfants; cela obligera ces peuples à bien traitter, ou du moins à ne faire aucun tort aux François qui seront en leur pays. Et en dernier lieu nous obtiendrons, auec la grace de Dieu nostre Seigneur, la fin pour laquelle nous venons en ce pays si esloigné, sçauoir est la conuersion de ces peuples.

De la creance, des superstitions, & des erreurs des Sauuages Montagnais.

CHAPITRE IV.

I'Ay desia mandé, que les Sauuages croyoient qu'vn certain nōmé Atahocam auoit creé le monde, & qu'vn nommé Messou l'auoit reparé. I'ay interrogé là dessus ce fameux Sorcier & ce vieillard, auec lesquels i'ay passé l'Hyuer, ils m'ont respondu, qu'ils ne sçauoient pas qui estoit le premier Autheur du mõde, que c'estoit peut-estre Atahochã, mais que cela n'estoit pas certain qu'ils ne parloient d'Atahocam, que comme on parle d'vne chose si esloignée, qu'õ n'en peut tirer aucune asseurance, & de fait le mot Nitatahokan en leur lãgue, signifie, ie racõte vne fable, ie dis vn vieux conte fait à plaisir.

Pour le Messou, ils tiennent qu'il a reparé le monde qui s'estoit perdu par le deluge d'eau, d'où appert qu'ils ont quelque traditiõ de cette grande inondation vniuerselle qui arriua du temps de Noë, mais ils ont remply cette verité de mille fables impertinentes. Ce Messou allant à la chasse ses loups Ceruiers dont il se seruoit au lieu de chiens, estans entrez dans vn grand lac ils y furent arrestez. Le Messou les cherchant par tout, vn oyseau luy dit qu'il les voyoit au milieu de ce lac, il y entre pour les retirer, mais ce lac venant à se desgorger couurit la terre, & abisma le monde, le Messou bien estõné, enuoya le corbeau chercher vn morceau de terre pour rebastir cet element, mais il n'en peut trouuer, il fist descendre vne Loutre dãs l'abisme des eauës, elle n'en peut rapporter, enfin il enuoya vn rat musqué, qui en rapporta vn petit morceau, duquel se seruit le Messou, pour refaire cette terre où nous sommes, il tira des flesches aux troncs des arbres, lesquelles se conuertirent en brãches, il fist mille autres merueilles, se vengea de ceux qui auoient arresté ses Loups Ceruiers, épousa vne Ratte musquée, de laquelle il eust des enfans qui ont repeuplé le monde, voila cõme le Messou a tout restably. Ie touchay l'an passé cette fable, mais desirant rassembler tout ce que ie sçay de leur creance, i'ay vsé de redittes. Nostre Sauuage racõtoit au Pere Brebœuf que ses compatriotes croyent qu'vn certain Sauuage auoit receu du Messou le don d'immortalité dans vn petit pacquet, auec vne grande recommandation de ne la point ouurir, pendãt qu'il le tint fermé il fust immortel, mais sa femme curieuse & incredule, voulut voir ce qu'il y auoit dans ce present, l'ayant deployé, tout s'enuola, & depuis les Sauuages ont esté sujets à la mort.

Ils difent en outre, que tous les animaux de châque efpece ont vn frere aifné, qui eft côme le principe & côme l'origine de tous les indiuidus, & ce frere aifné eft merueilleufemét grãd & puiffãt. L'aifné des Caftors, me difoiẽt-ils, eft peut-eftre auffi gros que noftre Cabane, quoy que fes Cadets (i'entẽds les Caftors ordinaires) ne foient pas tout à faict fi gros que nos moutons; or ces aifnez de tous les animaux font les cadets du Meffou, le voila bien apparẽté, le braue reparateur de l'Vniuers, eft le frere aifné de toutes les beftes. Si quelqu'vn void en dormant l'aifné ou le principe de quelques animaux, il fera bonne chaffe, s'il void l'aifné des Caftors, il prẽdra des Caftors, s'il void l'aifné des Eflans, il prendra des Eflans, iouyffans des cadets par la faueur de leur aifné qu'ils ont veu en fonge. Ie leur demanday où eftoient ces freres aifnez, nous n'en fommes pas bien affeurez, me dirent-ils, mais nous penfons que les aifnés des oyfeaux font au ciel, & que les aifnez des autres animaux font dans les eauës. Ils reconnoiffent deux principes des faifons, l'vn s'appelle *Nipinoukhe*, c'est celuy qui ramene le Printemps & l'Esté. Ce nom vient de *Nipin*, qui en leur langue signifie le Printemps. L'autre s'appelle *Pipounoukhe*, du nom de *Pipoun*, qui signifie l'Hiuer, aussi rameine il la saison froide. Ie leurs demandois si ce *Nipinoukhe*, & *Pipounoukhe*, estoient hõmes ou animaux de quelque autre especè, & en quel endroict ils demeuroient ordinairement; & ils me respondirent qu'ils ne sçauoient pas bien cõme ils estoient faicts, encor qu'ils fussent biē asseurez qu'ils estoiét viuans; car ils les entendent, disent-ils, parler ou bruire, notāment à leur venuë, sans pouuoir distinguer ce qu'ils disent; pour leur demeure, ils partagent le mõde entre-eux, l'vn se tenant d'vn costé, l'autre de l'autre, & quand le temps de leur station aux deux bouts du mõde, est expiré l'vn passe en la place de l'autre, se succedans mutuellement; Voila en partie la fable de Castor & de Pollux. Quand *Nipinoukhe* reuient, il ramene auec soy la chaleur, les oyseaux, la verdure, il rend la vie & la beauté au monde, mais *Pipounoukhe*, rauage tout, estant accompagné de vents froids, de glaces, de neiges, & des autres appanages de l'Hiuer; Ils appellent cette succession de l'vn à l'autre *Achitescatoueth*, c'est à dire ils passent mutuellement à la place l'vn de l'autre.

De plus, ils croyent qu'il y a certains Genies du jour, ou Genies de l'air, ils les nomment *Khichikouai* du mot *Khichikou*, qui veut dire le jour & l'air. Les Genies, ou *Khichikouai*, connoissent les choses futures, ils voyēt de fort loing, c'est pourquoy les Sauuages les consultent, non pas tous mais certains iongleurs, qui sçauent mieux bouffonner & amuser ce peuple que les autres. Ie me suis trouué auec eux quand ils consultoient ces beaux Oracles, voicy ce que i'en ay remarqué.

Sur l'entrée de la nuict, deux ou trois jeunes hommes dresserent vn tabernacle au milieu de nostre Cabane, ils plāterent en rond six pieux fort auāt dans terre, & pour les tenir en estat, ils attacherent au haut de ces pieux vn grand cercle, qui les enuironnoit tous; cela fait ils entourerent cet Edifice de Castelognes, laissant le haut du tabernacle

cle ouuuert, c'est tout ce que pourroit faire vn grand homme, d'atteindre de la main au plus haut de cette tour ronde, capable de tenir 5 ou 6 hommes debout. Cette maisõ estãt faite, on esteint entierement les feux de la cabane, iettant dehors les tisons, de peur que la flãme ne donne de l'espouuãte à ces Geniés ou K*hichikouai*, qui doiuent entrer en ce tabernacle, dans lequel vn ieune iongleur se glissa par le bas, retroussant à cét effect la couuerture qui l'enuirõnoit, puis la rabbattãt quand il fut entré, car il se faut bien donner de garde qu'il n'y ait aucune ouuerture en ce beau palais, sinon par le haut. Le iongleur entré, commença doucement à fremir, comme en se plaignãt, il esbranloit ce tabernacle sans violence au cõmencement, puis s'animant petit à petit, il se mit à siffler d'vne façon sourde, & comme de loin: puis à parler comme dans vne bouteille, à crier comme vn chat-huant de ce pays-cy, qui me semble auoir la voix plus forte que ceux de France, puis à hurler, chanter, variant de tõ à tous coups, finissant par ces syllabes, *ho ho, hi hi, gui gui nioué*, & autres

D

semblables cõtrefaisant la voix, en sorte qu'il me sembloit ouïr ces marionnettes que quelques bateleurs fõt voir en France: Il parloit tãtoſt Mõtagnais, tantoſt Algonquain, retenãt touſiours l'accent Algonquain, qui eſt gay, cõme le Prouençal. Au commencement, cõme i'ay dit, il agitoit doucement cét edifice, mais cõme il s'alloit touſiours animant, il entra dans vn ſi furieux enthouſiaſme, que ie croyois qu'il deuſt tout briſer, eſbranlant ſi fortement, & auec de telles violences ſa maiſon, que ie m'eſtonnois qu'vn homme euſt tant de force: car comme il eut vne fois cõmencé à l'agiter, il ne ceſſa point que la conſulte ne fuſt faite, qui dura enuiron trois heures: Comme il changeoit de voix, les Sauuages s'eſcrioient au commencemẽt *moa, moa*, eſcoute, eſcoute: puis inuitãs ces Geniés, ils leurs diſoiẽt, *Pitoukhecou, Pitoukhecou*, entrez, entrez. D'autrefois cõme s'ils euſſent reſpondu aux hurlements du jongleur, ils tiroient ceſte aſpiration du fond de la poitrine, *ho, ho*. I'eſtois aſſis comme les autres regardant ce beau myſtere auec defence de parler: mais cõme ie ne leur

auois point voüé d'obeïſſance, ie ne
laiſſois pas de dire vn petit mot à la tra-
uerſe: tantoſt ie les priois d'auoir pitié
de ce pauure jongleur, qui ſe tuoit dans
ce tabernacle: d'autrefois ie leur diſois
qu'ils criaſſent plus haut & que leurs
Geniés eſtoient endormis.

Quelques vns de ces Barbares s'ima-
ginẽt que ce jongleur n'eſt point là dedans, qu'il eſt tranſporté ſans ſçauoir
ny ou, ny cõment. D'autres diſent que
ſon corps eſt couché par terre, que ſon
ame eſt au haut de ce tabernacle, où elle parle au commencement, appellant
ces Geniés, & iettant par fois des eſtin-
celles de feu. Or pour retourner à noſtre conſultation, les Saũuages ayant
ouy certaine voix que contrefit le jongleur, pouſſerẽt vn cris d'allegreſſe, di-
ſants qu'vn de ces Geniés eſtoit entré:
Puis s'addreſſants à luy, s'eſcrioient, *Te-*
pouachi, tepouachi, appelle, appelle; ſçauoir eſt tes compagnõs; là deſſus le jongleur faiſant du Geniés, changeant de
ton & de voix les appelloit: cependant
noſtre ſorcier qui eſtoit preſẽt prit ſon
tambour, & chantant auec le iongleur
qui eſtoit dans le tabernacle, les autres

respondoient: On fit dancer quelques ieunes gens, entr'autres l'Apostat qui n'y vouloit point entendre, mais le sorcier le fit bien obeïr.

En fin apres mille cris & hurlements, apres mille chants, aprés auoir dancé & bien esbranlé ce bel edifice, les Sauuages croyās que les Geniés ou *Kichikouai* estoient entrez, le sorcier les consulta: il leur demanda de sa santé (car il est malade) de celle de sa féme qui l'estoit aussi. Ces Geniés, ou plustost le jongleur qui les contrefaisoit, respondit que pour sa féme elle estoit desia morte, que c'en estoit fait, i'en eusse bien dit autant que luy, car il ne falloit estre ny prophete, ny sorcier pour deuiner cela; d'autāt que la pauure creature auoit la mort entre les dents: pour le sorcier, ils dirēt qu'il verroit le Printemps. Or cognoissāt sa maladie, qui est vne douleur de reins, ou pour mieux dire, vn appanage de ses lubricitez & paillardises, car il est sale au dernier poinct, ie luy dis voyant qu'il estoit sain d'ailleurs, & qu'il beuuoit & mangeoit fort biē, que non seulement il verroit le printemps, mais encore l'Esté, si quelque autre accident ne luy furuenoit, ie ne me suis pas trompé.

Apres ces interogations, on demanda à ces beaux oracles s'il y auroit bien tost de la neige, s'il y en auroit beaucoup, s'il y auroit des Eslans ou Orignaux, & en quel endroict ils estoient, ils repartirent ou plutost le iongleur, contrefaisant tousiours sa voix, qu'ils voyoient peu de neige & des orignaux fort loing, sans determiner le lieu, ayāt bien cette prudence de ne se point engager.

Voilà comme se passa cette consulte, apres laquelle se voulut arrester le iongleur: mais comme il estoit nuict, il sortit de son tabernacle, & de nostre cabane si vistement, qu'il fust dehors auant quasi que ie m'en apperceusse. Luy & tous les autres Sauuages qui estoient venus des autres Cabanes à ces beaux mysteres, estans partis, ie demanday à l'Apostat, s'il estoit si simple de croire que ces Geniés entrassent & parlassent dans ce tabernacle, il se mit à iurer sa foy, qu'il a perduë & reniée, que ce n'estoit point le iongleur qu'il parloit, ains ces *Khichikouai* ou Geniés du jour, & mon hoste me dit, entre toy mesme dans le tabernacle, & tu verras que ton corps demeurera en bas, & ton ame montera en hault: I'y voulu entrer, mais comme i'estois seul de mõ party, ie preueu qu'ils m'auroient faict quelque affront, & comme il n'y auoit point de tesmoins, ils se feroient vantez, que i'aurois recogneu & admiré la verité de leurs mysteres.

Or j'auois grande enuie de sçauoir de quelle nature ils faisoient ces Geniés, l'Apostat n'en sçauoit rien. Le sorcier voyant que i'esuantois ses mines, & que i'improuuois ses niaiseries, ne me le vouloit point enseigner, si bien qu'il fallut que ie me seruisse d'industrie: Ie laissay escouler quelques sepmaines, puis le jettant sur ce discours, ie luy parlois comme admirant sa doctrine, luy disant qu'il auoit tort de m'esconduire, puisque à toutes les questions qu'il me faisoit de nostre croyance, ie luy respõdois ingenument, sans me faire tirer l'oreille: En fin il se laissa gagner à ses propres loüanges, & me descouurit les secrets de l'escole: voicy la fable qu'il me raconta, touchant la nature

& l'essence de ces Geniés.

Deux Sauuages consultans ces Geniés en mesme temps, mais en deux diuers tabernacles, l'vn d'eux, homme tres-meschant, qui auoit tué trois hômes à coup de haches par trahison, fust mis à mort par les Geniés, lesquels se transportans dans le tabernacle de l'autre Sauuage pour luy oster la vie, aussi bien qu'à son compagnon, ils se trouuerent eux mesmes surpris; car se iongleur se defendit si bien, qu'il tua l'vn de ces *Khichikouai*, ou Geniés, & ainsi l'on a sçeu comme ils estoient faicts, car ce Geniés demeura sur la place. Ie luy demanday donc de qu'elle forme il estoit, il estoit gros comme le poing, me fit il, son corps est de pierre, & vn peu long; Ie conceu qu'il estoit faict en cone, gros par vn bout, s'allant tousiours appetissant vers l'autre. Ils croiët que dans ce corps de pierre il y a de la chair & du sang, car la hache donc ce Genié fust tué resta ensanglantée. Ie m'enquestay s'ils auoient des pieds & des ailes, & m'ayant dict que non, & comment donc, leur fis-ie, peúuent ils entrer ou voler dans ces tabernacles s'ils n'ont ny pieds ny aisles, le sorcier se mit à rire, disant pour solution, en verité ceste robe noire n'a point d'esprit, voila comme ils me payent quand ie leurs fais quelque obiectiõ à laquelle ils ne peuuent respondre.

Comme ils faisoient grand cas du feu que iettoit ce iongleur hors de son tabernacle, ie leur dis, nos François en ietteroient mieux que luy, car il ne faisoit voler que des estincelles de quelque bois pourry qu'il porte auec soy, comme ie me persuade, & si i'eusse eu de la resine, ie leur eusse faict sortir des flammes. Ils me contestoient qu'il estoit entré sans feu dans cette maison, mais de bonne fortune, ie luy auois veu donner vn gros charbon ardant qu'il demanda pour petuner.

Voila leur creance touchant les principes des choses bonnes: Ce qui m'estonne, c'est leurs ingratitudes, car quoy qu'ils croyent que le Messou a reparé le monde, que Nipinoukhé & Pipounoukhé rameinent les saisons, que leur Khichikouai leurs apprenent où il y a des Eslans, ou Orignaux, & leurs rendent milles autres bõs offices: si est ce que ie n'ay peu iusques icy recognoistre qu'ils leur rendent aucun honneur: i'ay seulement remarqué que dans leurs festins, ils iettent par fois quelques cuillerées de gresse dãs le feu, prononçant ces parolles *Papeouekou, Papeouekou*, faites nous trouuer à manger, faites nous trouuer à manger: ie crois que cette priere s'addresse à ces Genies, ausquels ils presentent cette gresse comme la chose la meilleure qu'ils ayent au monde.

Outre ces principes des choses bonnes, ils recognoissent vn Manitou, que nous pouuons appeller le diable, ils le tiennent comme le principe des choses mauuaises, il est vray qu'ils n'attribuent pas grande malice au Manitou, mais à sa femme, qui est vne vraye diablesse: le mary ne hait point les hommes, il se trouue seulement aux guerres, & aux combats, & ceux qu'il regarde sont à couuert, les autres sont tués: voila pourquoy mon hoste me disoit, qu'il prioit tous les iours ce Manitou de ne point ietter les yeux sur les Hiroquois leurs ennemis, & de leur en donner tousiours quelqu'vn en leurs guerres. Pour la femme du Manitou, elle est cause de toutes les maladies qui sont au mõde, c'est elle qui tuë les hommes, autrement ils ne mouroient pas, elle se repaist de leur chair, les rongeant interieurement, ce qui faict qu'on les voit amaigrir en leurs maladies: elle a vne robe des plus beaux cheueux des hommes & des femmes qu'elle tuë, elle paroist quelquefois comme vn feu, on l'entend bien bruire comme vne flamme, mais on ne sçauroit distinguer son langage: d'icy procedent à mon aduis ces cris & ces hurlemens, & ces batements de tambours qu'ils font alentour de leurs malades, voulans comme empescher cette diablesse de venir dõner le coup de la mort: ce qu'elle faict si subtilement, qu'on ne s'en peut defendre, car on ne la voit pas.

De plus, les Sauuages se persuadent que non seulement les hommes & les autres animaux: mais aussi que toutes les autres choses sont animées, & que toutes les ames sont immortelles, ils se figurent les ames comme vn ombre de la chose animée, n'ayans iamais ouy parler d'vne chose purement spirituelle, ils se representent l'ame de l'hõme, comme vne image sombre & noire, où comme vne ombre de l'homme mesme, luy attribuant des pieds, des mains, vne bouche, vne teste, & toutes les autres parties du corps humain. Voila pourquoy ils disent que les ames boiuent & mangent, aussi leurs dônent-ils à manger quand quelqu'vn meurt, iettant la meilleure viāde qu'ils ayent dās le feu, & souuēt ils m'ont dit qu'ils auoient trouué le matin de la viande rongée la nuict par les ames. Or m'a-yans declaré ce bel article de leur croyance, ie leurs fis plusieurs interogations. Premierement, où alloient ces ames apres la mort de l'homme, & des autres creatures; elles vont, dirent ils, fort loin, en vn grād village situé où le Soleil se couche: Tout vostre pays, leur dis-je (sçauoir est l'Amerique) est vne grande Isle, comme vous tesmoignez l'auoir appris: comment est ce que les ames des hommes, des animaux, des haches, des cousteaux, des chaudieres; bref les ames de tout ce qui meurt, ou qui s'vse, peuuent passer l'eau pour s'en aller à ce grand village que vous pla-cez où le soleil se couche, trouuent elles dès vaisseaux tous prests pour s'embarquer & trauerser les eaux? non pas, mais elle vont à pied, me dirent-ils, passants les eaux à gay en quelque endroict: & le moyen, leur fis-ie, de passer à gay le grand Ocean que vous sçauez estre si profond, car c'est cette grãde mer qui enuironne vostre pays, tu te trompe, respondent-ils, où les terres sont conjointes en quelque endroict, ou bien il y a quelque passage guayable par où passent nos ames: & de faict nous apprenons que l'on n'a peu encore passer du costé du Nord, c'est à cause (leur repartis-ie) des grãds froids qui sont en ces mers, que si vos ames prénent cette route elles seront glacées & toutes roides de froid, deuant qu'elles arriuent en leurs villages.

Secondement ie leur demande, que mangeoient ces pauures ames, faisant vn si long chemin, elles mangent des escorces, dirent-ils, & du vieux bois quelles trouuent dans les forests, ie ne m'estonne pas, leur respõdis-ie, si vous auez si peur de la mort, & si vous la fuiez tant, il n'y a guere de plaisir d'aller manger du vieux bois & des escorces en l'autre vie.

Tiercement. Que font ces ames estant arriuées au lieu de leur demeure? pendant le iour elles sont assises tenans leur deux coudes sur leur deux genoux, & leur testes entre leur deux mains, posture assés ordinaire aux Sauuages malades : pendant la nuict elles vont & viennent, elles trauaillent, elles vont à la chasse, ouy mais, repartis-ie, elles ne voient goutte la nuict, tu es vn ignorant, tu n'as point d'esprit, me firent ils, les ames ne sont pas comme nous, elles ne voyent goutte pendant le iour, & voyent fort clair pendant la nuict, leur iour est dans les tenebres de la nuict, & leur nuict dans la clarté du iour.

En quatriesme lieu, à quoy chassent ces pauures ames pendant la nuict? elles chassent aux ames des Castors, des Porcs epics, des Eslans, & des autres animaux, se seruãs de l'ame des raquettes, pour marcher sur l'ame de la neige, qui est en ce pays là: bref elles se seruent des ames de toutes choses, comme nous nous seruõs icy des choses mesmes. Or quant elles ont tué l'ame d'vn Castor, ou d'vn autre animal, ceste ame meurt elle tout a faict, ou bien a elle vne autre ame qui s'en aille en quelque autre village. Mon sorcier demeura court à cette demande ; & cóme il a de l'esprit, voyant qu'il s'alloit enferrer s'il me respódoit directemēt, il esquiua le coup : car s'il m'eut dit que l'ame mouroit entierrement, ie luy aurois dit que quand on tuoit premierement l'animal, son ame mouroit à mesme temps : s'il m'eust dit que ceste ame auoit vne ame qui s'en alloit en vn autre village, ie luy eusse fait voir que chaque animal auroit selon sa doctrine plus de vingt, voire plus de cent ames, & que le móde deuoit estre remply de ces villages où elles se retirent, & que cepédāt on n'en voyoit aucun. Cognoissant dóc qu'il s'alloit engager, il me dit, tais toy, tu n'as point d'esprit, tu demande des choses que tu ne sçais pas toy-mesme, si i'auois esté en ces pays-là, ie te respondrois.

En fin ie luy dis que les Europeans nauigeoient par tout le monde, ie leur declaray, & leur fis voir par vne figure ronde, quel estoit le pays où le soleil se couche à leur regard, l'asseurant qu'on n'auoit point trouué ce grand village, que tout cela n'étoit que resueries, que les ames des hommes seulement estoiét immortelles,& que si elles estoient bõnes, elles s'en alloient au ciel, que si elles estoient meschantes, elles descendoient dans les enfers pour y estre brûlées à iamais, & que chacun receuroit selon ses œuures. En cela, dit-il, vous mentez vous autres, d'assigner diuers endroicts pour les ames, elles vont en vn mesme pays, du moins les nostres car deux ames de nos cõpatriotes sont reuenuës autresfois de ce grand village, & noⁱ ont appris tout ce que ie t'ay dit, puis elles s'en retournerent en leur demeure : ils appellent la voye lactée, *Tchipaï meskenau*, le chemin des ames, pource qu'ils pensent que les ames se guindent par cette voye pour aller en ce grand village.

Ils ont en outre vne grande croyãce à leurs songes, s'imaginans que ce qu'ils ont veu en dormant doit arriuer, & qu'ils doiuent executer ce qu'ils ont resué : ce qui est vn grand malheur, car si vn Sauuage songe qu'il mourra s'il ne me tuë, il me mettra à mort à la premiere rencontre à l'escart. Nos Sauuages me demandoiẽt quasi tous les matins, n'as-tu point veu de Castors, ou d'Orignac en dormant : & cōme ils voyoiēt que ie me mocquois des songes, ils s'estonnoient, & me demandoient à quoy crois-tu donc, si tu ne crois à tes songes? ie crois en celuy qui a tout fait, & qui peut tout ; tu n'as point d'esprit, comment peus-tu croire en luy, si tu ne le vois pas? Ie serois trop long de rapporter toutes les badineries sur ces sujects, reuenons à leurs superstitions qui sont sans nombre.

Les Sauuages sont grands chanteurs, ils chantent comme la pluspart des nations de la terre par recreation, & par deuotion; c'est à dire en eux par superstition : Les airs qu'ils chantent par plaisir, sont ordinairement graues & pesants, il me semble qu'ils ont par fois quelque chose de gay, notamment les filles : mais pour la pluspart, leurs chansons sont massiues, pour ainsi dire, sombres, & mal-plaisantes : ils ne sçauent que c'est d'assembler des accorts pour composer vne douce harmonie : Ils proferent peu de paroles en chantant, variants les tons, & non la lettre. J'ay souuent ouy mon Sauuage faire vne longue chanson de ces trois mots Kaie, nir, khigatoutaouim,

& tu

& tu feras aussi quelque chose pour moy: Ils disent que nous imitons les gazoüillis des oyseaux en nos airs, ce qu'ils n'improuuent pas, prenans plaisir quasi tous tant qu'ils sont à chanter, ou à ouïr chanter, & quoy que ie leur die que ie n'y entendois rien, ils m'inuitoient souuent à entonner quelque air, ou quelque priere.

Pour leurs chãts superstitieux, ils s'en seruent en mille actions, le sorcier & ce viellard, dont i'ay parlé, m'en donnerent la raison: deux Sauuages, disoient ils, estans jadis fort desolés, se voyans à deux doigts de la mort faute de viure, furent aduertis de chanter, & qu'ils seroient secourus ; ce qui arriua, car ayans chanté, ils trouuerent à manger: de dire qui leur donna cest aduis, & comment, ils n'en sçauent rien: quoy que s'en soit, depuis ce temps là toute leur religion consiste quasi à chanter, se seruans des mots les plus barbares qu'ils peuuent rencontrer: Voicy vne partie des paroles qu'ils chanterent en vne longue superstition qui dura plus de quatre heures, *Aiasé manitou, aiasé manitou, aiasé manitou, ahiham, hehinham,* hanhan, heninakhé hojé heninakhé, enigouano bahano anihé ouihini naninaouai nanahouai nanahouai aouihé ahahé aouihé : Pour conclusion, ho! ho! ho! Ie demanday que vouloient dire ces parolles, pas vn ne m'en peut donner l'interpretation : car il est vray que pas vn d'eux n'entend ce qu'il chante, sinon dans leurs airs, qu'ils chantent pour se recréer.

Ils joignent leurs tambours à leurs chants, ie demanday l'origine de ce tambour, le veillard me dit, que peut estre quelqu'vn auoit eu en songe qu'il estoit bon de s'en seruir, & que de là l'vsage s'en estoit ensuiuy. Ie croirois plustost qu'ils auroient tiré cette superstition des peuples voisins, car on me dit (ie ne sçay s'il est vraiy) qu'ils imitent fort les Canadiens qui habitent vers Gaspé, peuple encore plus superstitieux que celuy-cy.

Au reste, ce tambour est de la grandeur d'vn tambour de basque, il est composé d'vn cercle large de trois ou quatres doigts, & de deux peaux roidement estenduës de part & d'autre : ils mettent dedans des petites pierres ou petits caillous pour faire plus de bruit: le diametre des plus grands tambours est de deux palmes ou enuiron, ils le nomment *chichigouan*, & le verbe *nipagahiman*, signifie ie fais iouër ce tambour: ils ne le battent pas comme font nos Europeans: mais ils le tournent & remuent, pour faire bruire les caillous qui sont dedans, ils en frappent le terre, tantost du bord, tantost quasi du plat, pendant que le sorcier fait mille singeries auec cest instrument. Souuent les assistans ont des batons en mains, frappant tous ensemble sur des bois, ou manches de haches qu'ils ont deuant eux, ou sur leurs *ouragans*, c'est à dire, sur leurs plats d'escorce renuersés: Auec ces tintamarres, ils ioignent leurs chants & leurs cris, ie dirois volontiers leurs hurlements, tant ils s'efforcent par fois, ie vous laisse à penser la belle musique: ce miserable sorcier auec lequel mon hoste, & le renegat, m'ont fait hiuerner contre leurs promesses, m'a pensé faire perdre la teste auec ses tintamarres: car tous les iours à l'entrée de la nuict, & bien souuent sur la minuict, d'autrefois sur le iour il faisoit l'enragé. Iay esté vn assez long temps malade parmy eux, mais quoy que ie le priasse de se moderer, de me donner vn peu de repos, il en faisoit encore pis, esperant trouuer sa guerison dans ces bruits qui augmentoient mon mal.

Ils se seruent de ces chants, de ce tambour, & de ces bruits, ou tintamarrés en leurs maladies, ie le declaray assez amplement l'an passé, mais depuis ce temps là, i'ay veu tant faire de sottises, de niaiseries, de badineries, de bruits, de tintamarres à ce malheureux sorcier pour se pouuoir guerir, que ie me lasserois d'escrire & ennuierois vostre reuerence, si ie luy voulois faire lire la dixiesme partie de ce qui m'a souuent lassé, quasi iusques au dernier poinct. Par fois cest homme entroit comme en furie, chantant, criant hurlant, faisant bruire son tambour de toutes ses forces: cependant les autres hurloient comme luy, & faisoient vn tintamarre horrible auec leurs bastõs, frappans sur ce qui estoit deuant eux: ils faisoient danser des ieunes enfans, puis des filles, puis des femmes; il bais-

soit la teste, souffloit sur son tambour:
puis vers le feu, il siffloit comme vn serpent , il ramenoit son tambour soubs
son menton, l'agitant & le tournoyant:
il en frappoit la terre de toutes ses forces , puis le tournoyoit sur son estomach: il se fermoit la bouche auec vne
main renuersée, & de l'autre, vous eus-
siez dit qu'il vouloit mettre en pieces
ce tambour, tant il en frappoit rude-
ment la terre: il s'agitoit, il se tournoit
de part & d'autre , faisoit quelques
tours à l'entour du feu, sortoit hors la
cabane, tousiours hurlant & bruyant:
il se mettoit en mille postures; & tout
cela pour se guerir. Voila comme ils
traictent les malades. I'ay quelque
croyance qu'ils veulent coniurer la
maladie, ou espouuanter la femme du
Manitou, qu'ils tiennent pour le principe & la cause de tous les maux, comme i'ay remarqué cy dessus.

Ils chantent encore & font ces bruits
en leurs sueries, ils croiroient que cette
medecine , qui est la meilleure de toutes, celles qu'ils ont ne leur seruiroit de
rien, s'ils ne chantoient en suant : Ils
plantent des bastons en terre faisants

E iij

vne espece de petit tabernacle fort bas : car vn grand homme estant assis là dedans, toucheroit de sa teste le hault de ce todis, qu'ils entourent & couurent de peaux, de robes, de couuertures : Ils mettent dans ce four quantité de grosses pierres qu'il ont faict chauffer, & rougir dans vn bon feu, puis se glissent tous nuds dans ces estuues, les femmes suent par fois aussi bien que les hommes : d'autrefois ils suent tous ensemble, hommes, & femme pesle & mesle : ils chantent, ils crient, ils hurlent dans ce four, ils haranguent : par fois le sorcier y bat son tambour. Ie l'escoutois vne fois comme il faisoit du prophete là dedans, s'escriant qu'il voyoit des Orignaux, que mon hoste son frere en tueroit, ie ne peus me tenir que ie ne luy disse, ou plustost à ceux qui estoient presens, & qui luy prestoient l'oreille comme à vn oracle, qu'il estoit bien croyable qu'on trouueroit quelque masle, puisque on auoit desia trouué & tué deux femelles, luy cognoissant où ie visois, me dit en grondant, il est croyable que cette robe noire n'a point d'esprit : Ils sont tellement religieux en ces crieries, & autres niaiseries, que s'ils font sueries pour se guerir, ou pour auoir bonne chasse, ou pour auoir beau temps, rien ne se feroit s'ils ne chantoient, & s'ils ne gardoient ces superstitions. I'ay remarqué que quand les hommes suent, ils ne se veulent point seruir des robes des femmes pour entourer leur sueries, s'ils en peuuent auoir d'autres : bref quand ils ont crié trois heures ou enuiron dans ces estuues, ils en sortent tous mouillés & trempés de leur sueur.

Ils chantent encore & battent le tambour en leur festins, comme ie declareray au chapitre de leurs banquets: ie leur ay veu faire le mesme en leurs conseils, y entremeslant d'autres iongleries: Pour moy ie me doute que le sorcier en inuente tous les iours de nouuelles pour tenir son monde en haleine, & pour se rendre recommandable: ie luy vis vn certain iour prédre vne espée, la mettre la pointe en bas, le manche en hault (car leurs espées sont emmanchées à vn long baston) il mit vne hache proche de cette espée, se leu debout, fit ioüer son tambour, chanta hurla à son accoustumée, il fit quelques mines de dancer, tourna à l'entour du feu: puis se cachant, il tira vn bonnet de nuict, dans lequel il y auoit vne pierre à esguiser, il la met dans vne cullier de bois, qu'on essuya exprés pour cest effect, il fit allumer vn flambeau d'escorce, puis donna de main en main le flambeau, la cueiller, & la pierre, qui estoit marquée de quelques raies, la regardans tous les vns apres les autres, philosophant à mon aduis sur cette pierre, touchant leur chasse, qui estoit le subiect de leur conseil ou assemblée.

 Ces pauures ignorants chantent aussi dans leurs peines, dans leurs difficultez, dans leurs perils & dangers: pendant le temps de nostre famine, ie n'entendois par ces cabanes, notamment la nuict, que chants, que cris, battements de tambours, & autres bruits: & demandant ce que c'estoit, mes gens me disoient qu'ils faisoient

en l'année 1634. 73

cela pour auoir bonne chaſſe, & pour trouuer à manger, leurs chants & leurs tambours paſſent encore dans les ſortileges que font les ſorciers.

Il faut que ie couche icy, ce que ie leurs vis faire le douxieſme Feurier, comme ie recitois mes heures ſur le ſoir, le ſorcier ſe mit à parler de moy *aiamiheou*, il fait ſes prieres, dit-il: puis prononçant quelques paroles, que ie n'entendis pas, il adiouſta *Niganipahau*, ie le tueray auſſi toſt: la penſée me vint qu'il parloit de moy, veu qu'il me haïſſoit pour pluſieurs raiſons, comme ie diray en ſon lieu: mais notamment pource que ie taſchois de faire veoir que tout ce qu'il faiſoit n'eſtoit que badinerie & puerilité: Sur cette penſée qu'il me vouloit oſter la vie, mon hoſte me va dire, n'as tu point de poudre qui tuë les hommes? pourquoy, luy diſ-ie, ie veux tuer quelqu'vn, me reſpond il? ie vous laiſſe à penſer ſi i'acheuay mon office ſans diſtraction, veu que ie ſçauois fort bien qu'ils n'auoient garde de faire mourir aucun de leurs gens, & que le ſorcier m'auoit menacé de mort quelques iours auparauant, quoy qu'en riant, me dit il apres: mais ie ne m'y fiois pas beaucoup, voyant donc ces gens en action, ie r'entre dans moy-mesme, suppliant nostre Seigneur de m'assister, & de prendre ma vie au moment & en la façon, qu'il luy plairoit: neantmoins pour me mieux disposer à ce sacrifice, ie voulus voir s'ils pensoient en moy, ie leur demanday donc où estoit l'homme qu'ils vouloient faire mourir, ils me repartent qu'il estoit vers Gaspé à plus de cens lieuës de nous. Ie me mis à rire, car en verité ie n'eusse iamais pensé qu'ils eussent entrepris de tuer vn homme de cens lieuës loin. Ie m'enquis pourquoy ils luy vouloient oster la vie. On me respondit que cest homme estoit vn sorcier Canadien, lequel ayant eu quelque prise auec le nostre, l'auoit menacé de mort, & luy auoit donné la maladie, qui le trauailloit depuis vn long temps, & qui l'alloit estouffer dans deux iours, s'il ne preuenoit le coup par son art: ie leurs dis que Dieu auoit deffendu de tuer, & que nous autres, ne faisions mourir personne: cela n'empescha point qu'ils ne pourſuiuiſſent leur pointe. Mon hoſte preuoiant le grand bruit qui ſe deuoit faire, me dit, tu auras mal à la teſte, va t'en en l'autre cabane voiſine: non, dit le ſorcier, il n'y a point de mal qu'il nous voye faire. On fit ſortir tous les enfans & toutes les femmes, horſmis vne qui s'aſſit auprès du ſorcier: Ie demeuray donc ſpectateur de leurs myſteres, auec tous les Sauuages des autres cabanes qu'on fit venir : Eſtans tous aſſis, voicy vn ieune homme qui apporte deux paux ou pieux fort pointus, mon hoſte prepare le ſort compoſé de petits bois formez en langue de ſerpét des deux coſtez, de fers de fleſches, de morceaux de couſteaux rompus, d'vn fer replié comme vn gros hameçon, & d'autres choſes ſemblables, on enuelopa tout cela dans vn morceau de cuir : Cela fait, le ſorcier prend ſon tambour, tous ſe mettent à chanter & hurler, & faire le tintamarre que i'ay remarqué cy deſſus: apres quelques chanſons, la femme qui eſtoit demeurée ſe leue, & tourne tout à l'entour de la cabane par dedans, paſſant par deriere le dos de tous tant que nous estions. S'estant rassisse, le magicien prend ces deux pieux, puis designant certain endroit, commence à dire; voila sa teste (ie crois qu'il entendoit de l'homme qu'il vouloit tuer) puis de toutes ces forces, il plante ces pieux en terre, les faisant regarder vers l'endroict, où il croioit qu'estoit ce Canadien. Là dessus mon hoste va ayder son frere, il fait vne assez grande fosse en terre auec ces pieux : cependant les chants & autres bruits continuoient incessemment. La fosse faite, les pieux plantez, le valet du sorcier, i'entens l'Apostat, va querir vne espée, & le sorcier en frappe l'vn de ces paux, puis descend dans la fosse, tenant la posture d'vn homme animé qui tire de grands coups d'espée & de poignard ; car il auoit l'vn & l'autre dans cette action d'homme furieux & enragé. Le sorcier prend le sort enuelopé de peau, le met dans la fosse, & redouble les coups d'espée à mesme temps qu'on redoubloit le tintamarre.

Enfin ce mystere cessa, il retire l'espée & le poignard tout ensanglanté, les iette deuant les autres Sauuages; on recouure viste la fosse, & le magicien tout glorieux, dit que son homme est frappé, qu'il mourra bien tost, demande si on n'a point entendu ses cris : tout le monde dit que non, horsmis deux ieunes hommes ses parens, qui disent auoir ouy des plaintes fort sourdes, & comme de loing. O qu'ils le firent aise, se tournant vers moy, il se mit a rire, disant, voyez cette robe noire qui nous vient dire qu'il ne faut tuer personne: Comme ie regardois attentiuement l'espée & le poignard, il me les fit presenter, regarde, dit-il, qu'est cela; c'est du sang, repartis-je, de qui? de quelque Orignac ou d'autre animal, ils se mocquerent de moy, disants que c'estoit du sang de ce Sorcier de Gaspé; comment, dis je, il est à plus de cent lieuës d'icy? il est vray font-ils, mais c'est le Manitou, c'est à dire le Diable, qui apporte son sang pardessous la terre. Or si c'est hôme est vrayement Magicien, ie m'en rapporte, pour moy i'estime qu'il n'est ny Sorcier ny Magicien, mais qu'il le voudroit bien estre : tout ce qu'il faict selon ma pensée n'est que badinerie, pour amuſer les Sauuages, il voudroit bien auoir communication auec le Diable ou Manitou, mais ie ne crois pas qu'il en ait : ſi bien me perſuaday-je, qu'il y a eu icy quelque Sorcier, ou quelque Magicien, s'il eſt vray ce qu'ils diſent des maladies & des gueriſons, dont ils me parlent : c'eſt choſe eſtrange, que le Diable qui apparoiſt ſenſiblement aux Ameriquains Meridionaux, & qui les bat & les tourmente de telle ſorte, qu'ils ſe voudroient bien deffaire d'vn tel hoſte, ne ſe communique point viſiblement ny ſenſiblement à nos Sauuages, ſelon ce que ie crois. Ie ſçais qu'il y a des perſonnes d'opinion contraire, croyans aux rapports de ces Barbares, mais quand ie les preſſe, ils m'aduoüent tous, qu'ils n'ont rien veu de tout ce qu'ils diſent, mais ſeulement qu'ils l'ont oüy dire à d'autres,

Ce n'eſt pas le meſme des Ameriquains Meridionaux, nos Europeans ont oüy le bruit, la voix & les coups que ruë le Diable ſur ces pauures eſclaues : & vn François digne de creance,

en l'année 1634. 79

m'a asseuré l'auoir oüy de ses oreilles: surquoy on me rapporte vne chose tres remarquable, c'est que le Diable s'enfuit, & ne frappe point ou cesse de frapper ces miserables, quand vn Catholique entre en leur compagnie, & qu'il ne laisse point de les battre en la presence d'vn Huguenot, d'où vient qu'vn iour se voyans battus en la compagnie d'vn certain François, ils luy dirent, nous nous estonnons que le diable nous batte, toy estant auec nous, veu qu'il n'oseroit le faire quand tes compagnons sont presents. Luy se douta incontinent que cela pouuoit prouenir de sa religion, (car il estoit Caluiniste) s'adressant donc à Dieu, il luy promist de se faire Catholique si le diable cessoit de battre ces paures peuples en sa presēce: Le vœu fait, iamais plus aucun Demon ne molesta Amariquain en sa compagnie, d'où vient qu'il se fist Catholique, selon la promesse qu'il en auoit faicte; mais retournons à nostre discours. I'ay veu deux autrefois faire les mesmes sortileges à nostre Magicien pretendu, &

garda toutes les ceremonies ſuſdites, horſmis qu'il changea de ſort, car vne fois il ſe ſeruit de quatre baſtons faits en forme de fuſeaux à filer, ſinon qu'ils eſtoient plus gros, & qu'ils auoient comme des dents en certains endroits: Il ſe ſeruit encore du bout de la queuë & du pied d'vn Porc épic, & quelques poils d'Orignac, ou de Porc épic, liez enſemble en petit faiſſeau : l'autre fois il ſe ſeruit encore de ces fuſeaux, d'vn pied de Porc épic, ou d'vn autre animal, d'os de quelque beſte, d'vn fer ſemblable, & celuy qu'ō attache à vne porte pour la tirer, & de quelques autres badineries : ſon valet le renegat luy tenant tout cela preſt, & battant le tambour pendant que ſon Maiſtre eſtoit occupé dans la foſſe. Voila vne partie des actions eſquelles ſe retrouuent leurs chants, leurs cris, hurlemens & tintamarres.

Leur Religiō, ou pluſtoſt ſuperſtitiō, conſiſte encore à prier : mais, ô mon Dieu! quelles oraiſons font ils ? Le matin les petits enfans ſortans de la Cabane, s'eſcrient à pleine teſte, *Cacouakhi, Pakhais,*

Pakhais Amiscouakhi, Pakhais Mousouakhi, Pakhais: venez Porcs-épics, venez Castors, venez Elans, voila toutes leurs prieres.

Les Sauuages eternuans, & quelquefois mesme en autre temps, disent pendant l'Hiuer, criants tout haut *Etouctaian miraouinam an Mirouscamikhi*, ie serois bien aise de voir le Printemps.

D'autrefois ie leur ay oüy demãder le Printemps, ou la deliurance du mauuais, & autres choses semblables, & tout cela se faict par desirs qu'ils expriment, criants tant qu'ils peuuent, ie serois bien aise que ce iour continuast, que le vent se changeast, &c. De dire à qui ces souhaits s'adressent, ie ne sçaurois, car eux mesmes ne le sçauent pas, du moins ceux à qui ie l'ay demandé ne m'en ont pû instruire.

I'ay remarqué cy-dessus qu'ils prient Le Manitou de ne point ietter les yeux sur leurs ennemis, afin qu'ils les puissent tuer: voila toutes les prieres & oraisons que i'ay oüy faire aux Sauuages, ie ne sçay s'ils en ont d'autres, ie

F

ne le crois pas. O que ie me sentois riche & heureux parmy ces Barbares, d'auoir vn Dieu à qui ie peusse adresser mes souhaits, mes prieres & mes vœux! & qu'ils sont miserables de n'auoir point d'autres desirs, que pour la vie presente! I'oubliois à dire icy, mais ie l'ay couché cy-dessus, qu'ils ont vne Image ou espece de sacrifice, car ils iettent au feu de la gresse qu'ils recueillent sur la chaudiere où cuit la viande, faisants cette priere *Papeouekou*, *Papeouekou*, faictes nous trouuer à manger, faictes nous trouuer à manger: ie crois qu'ils adressent cette oraison à leur *Khichekouai*, & peut-estre encore les autres ; voicy vne superstition qui m'a bien ennuyé.

Le vingt-quatriesme de Nouembre, le Sorcier assembla les Sauuages, & se retrancha auec des robes & des couuertures en vn quartier de la Cabane; en sorte qu'on ne le pouuoit voir, ny ses compagnons: il s'y trouua vne femme auec eux qui marquoit sur vn baston triangulaire long de demie picque, toutes les chansons qu'ils disoient, ie priay vne femme de me dire ce qu'ils faifoient dans ces retranchemens, elle me refpondit qu'ils prioient; mais ie croy qu'elle me fift cette refpõfe, pour ce que quand ie faifois oraifon, eux me demandans ce que ie faifois, ie leurs difois, *Nataiamihlau miſſi ca Khichitât*, ie prie celuy qui a tout faict : & ainfi quand ils chantoient, quand ils hurloient, battans leurs tambours & leurs baftons, ils me difoient qu'ils faifoient leurs prieres, fans me pouuoir expliquer à qui ils les addreffoient. Le renegat m'a dit que cefte fuperftition, qui dura plus de cinq heures, fe faifoit pour vn mort, mais comme il ment plus fouuent qu'il ne dit vray, ie m'en rapporte à ce qui en eft: ils appellent cette fuperftition *Ouechibouan*, en fuitte de ces longues oraifons, le Sorcier donna le patron d'vn petit fac couppé en forme de jambe à vne femme pour en faire vn de cuir, qu'elle remplit à mon aduis de poil de Caftor, car ie maniay cette jambe qui me fembla molaffe, & pleine d'vn poil affez doux, ie demanday prou ce que c'e-

F ij

ſtoit, & pourquoy on faiſoit ce petit ſac tortu, mais iamais on ne me le voulut dire. Ie ſçeu ſeulement qu'ils l'appelloient *Manitoukathi*, c'eſt à dire, jambe du Manitou, ou du Diable; elle fut long temps penduë dans la Cabane au lieu où s'aſſeoit le Sorcier; depuis on la donna à vn ieune homme pour la porter penduë au col, elle eſtoit des appartenances de ces longues prieres, que ie viens de cotter, mais ie n'ay peu ſçauoir à quel deſſein cela ſe faiſoit.

Ils gardent par fois encore vn ieuſne fort rigoureux, non pas tous, mais quelques vns qui ont enuie de viure long temps; mon hoſte voyant que ie ne mangeois qu'vne fois pendant le Careſme, me dit que quelques vns d'entre eux ieuſnoient pour auoir vne longue vie; mais m'adjouſta qu'ils ſe retiroient tous ſeuls dans vne petite Cabane à part, & que là ils ne beuuoient ny mãgeoient, quelquefois huict iours, quelquefois dix iours durant: d'autres m'ont dit qu'ils ſortent comme des ſquelets de cette Cabane, & que par fois on en rapporte à demy-morts, ie n'ay point veu de ces grands ieufneurs, si bien de grãds difneurs: vray est que ie n'ay point de peine à croire cét excez, car toutes les fausses religions sont pleines de puerilitez, ou d'excés, ou de saletez.

I'ay veu faire vne autre deuotion au Sorcier, laquelle, comme ie crois, n'appartient qu'à ceux de sa profession; on luy dresse vne petite Cabane esloignée d'vn jet de pierre ou de deux des autres, il se retire là dedans pour y demeurer seul huict iours, dix iours, ou plus ou moins: Or vous l'entendez iour & nuict crier, hurler, & battre son tambour; mais il n'est pas tellement solitaire, que d'autres ne luy aillent aider à chanter, & que les femmes ne le visitent, c'est là où il se commet de grandes saletez.

Les Sauuages sont encore fort Religieux enuers leurs morts; mon hoste, & le vieillard dont i'ay souuent faict mention, m'ont confirmé ce que i'ay des-ja escrit vne autrefois, que le corps mort du deffunct ne sort point par la porte ordinaire de la Cabane, ainsi on leue l'escorce de l'endroict où l'hom-est mort, pour faire passer son cadaure.

De plus, disent ils, l'ame sort par la cheminée, ou par l'ouuerture qu'ils font au haut de leurs todis, ils frappent à coups de baston sur leurs Cabanes, afin que cette ame ne tarde point, & qu'elle ne s'accoste de quelque enfant, car elle le fairoit mourir : ils enterrent les robbes, les chaudieres, & autres meubles auec le trespassé, pource qu'ils l'ayment, & afin aussi qu'il se serue de l'ame de toutes ces choses en l'autre vie. Ils iettent comme i'ay desja dit, la meilleure viande qu'ils ayent au feu, pour en donner à manger à l'ame du deffunct, qui mange l'ame de ces viandes : ils n'estendent point les corps de leur long comme nous faisons les enseuelissants, mais ils les accroupissent & accourcissent comme vne personne qui est assise sur les talons : ils couppent vn petit touffet de cheueux du deffunct, pour presenter à son plus proche parent. Ie n'en sçay pas la raison. Mais faisons vne autre liste de leurs superstitions & de leur ignorance, celles que ie viens de rapporter, concernent en quelque façon leur religion ridicule ; les suiuantes le peuuent proprement appeller superstitions.

Les Sauuages ne iettent point aux chiens les os des Castors, Porcs épics femmelles, du moins certains os determinez ; bref ils pennent garde tres-soigneusement que les chiens ne mangent aucun os des oyseaux & des autres animaux qui se prennent au lacs, autrement ils n'en prendront plus qu'auec des difficultez incomparables: encore y a-il là dedans mille obseruations, car il n'importe que les vertebres ou le croupion de ces animaux soient données aux chiens, pour le reste il faut le jetter au feu ; toutefois pour le Castor pris à la rets, c'est le meilleur de ietter ses os dans vn fleuue, c'est chose estrange qu'ils recueillent & ramassent ces os, & les conseruent auec tant de soin, que vous diriez que leur chasse seroit perduë s'ils auoient contreuenu à leurs superstitions: comme ie me mocquois d'eux, & que ie leurs disois que les Castors ne sçauoient pas ce que l'on faisoit de leurs os; ils me respondirent, tu ne sçais pas prendre les Castors, & tu en veux parler : deuant que le Castor soit mort tout à faict, me dirent-ils, son ame vient faire vn tour par la Cabane de celuy qui le tuë, & remarque fort bien ce qu'on fait de ses os; que si on les donnoit aux chiens, les autres Castors en feroient aduertis : c'est pourquoy ils se rendroient difficiles à prendre, mais ils sont bien aises qu'on iette leurs os au feu, ou dans vn fleuue, la rets notamment qui les a pris en est bien contente. Ie leur dis que les Hiroquois au rapport de celuy qui estoit auec nous, iettoient les os de Castor aux chiens, & cependant qu'ils en prenoient fort souuent, & que nos François prenoient du gibier plus qu'eux (sans comparaison) & que neantmoins nos chiens en mangeoient les os, tu n'as point d'esprit, me firent-ils, ne vois tu pas que vous & les Hiroquois cultiuez la terre

& en recueillez les fruicts, & non pas vous, & partant que ce n'est pas la mesme chose : ie me mis à rire entendant cette responſe impertinente ; le mal eſt que ie ne fais que beguayer, que ie prends vn mot pour l'autre, que ie prononce mal, & ainſi tout s'en va le plus ſouuent en riſée ; Que c'eſt vne grande peine de parler à vn peuple ſans l'entendre. De plus, en leurs feſtins à manger tout, il faut bien prendre garde que les chiens n'en gouſtent tant ſoit peu, mais de cecy en vn autre chapitre.

Ils croyent que la greſle a de l'eſprit & de la connoiſſance, comme mon hoſte faiſoit feſtin pendant cet Hiuer, il dit à vn ieune homme, va t'en aduertir les Sauuages de l'autre Cabane qu'ils viennent quand ils voudront que tout eſt preſt, mais ne porte point de flambeau, il eſtoit nuict & il greſloit fort & ferme : i'entends auſſi les Sauuages ſortans de leurs Cabanes, s'écrier à leurs gens, ne nous éclairez point, car il greſle. Ie demanday par apres la raiſon de cela, on me reſpõdit que la grêle auoit de l'eſprit, & qu'elle haïſſoit la lumiere, ne venant ordinairement que sur la nuict : que si on portoit des flambeaux dehors, elle cesseroit, dont ils seroient bien marris, car elle sert à prendre l'Originac. Voila des gens bien entendus aux meteores, ie leur dis que la gresle n'estoit autre chose que l'eau de la pluye, qui se congeloit par la froidure, laquelle s'augmentāt sur la nuict par l'eloignement du Soleil, il gresloit plustost qu'en plein midy; ils me repartirent à l'ordinaire, tu es vn ignorant, ne vois tu pas qu'il a faict froid tout le iour, & que la gresle a attendu la nuict pour venir; Ie voulus repartir que la nuë n'estoit pas encore disposée, mais on me dit *eca titou eca titou nama Khitirinisin*, tais toi, tais toi, tu n'as pas d'esprit : voila la monnoye dont ils me payent, & dont ils payent bien souuent les autres sans s'alterer. Mon hoste coupoit par superstition le bout de la queuë de tous les Castors qu'il prenoit, & les enfiloit ensemble. Ie demanday pourquoy, le vieillard me dit, c'est vne resolution ou vne promesse qu'il a faict, afin de prendre beaucoup de Castors, de sçauoir à qui il fait ce vœu ny luy, ny moy ne le sçaurions dire.

Ils mettent au feu vn certain os plat de Porc épic, puis ils regardent à sa couleur s'ils feront bonne chasse de ces animaux.

Quand quelqu'vn de leurs gens s'est égaré dans les bois, voyans qu'il ne retourne point en la Cabane, ils pendent vn fusil à vne perche pour le redresser; & cela fait, me disoient ils, qu'il voye du feu, & qu'il reconnoisse son chemin : quand vn esprit s'est vne fois egaré du chemin de la verité, il donne bien auant dans l'erreur.

Mais à propos de leur fusil, ie diray icy qu'il n'est pas faict comme les nostres; ils ont pour meche la peau d'vne cuisse d'vn aigle, auec le duuet qui préd feu aisement, ils battent deux pierres de mine ensemble, comme nous faisons vne pierre à fusil, auec vn morceau de fer ou d'acier : au lieu d'allumettes, ils se seruēt d'vn petit morceau de tondre, c'est vn bois pourry & bien seché, qui brusle aisement & incessammét iusques à ce qu'il soit consommé: ayant pris feu ils le mettent dans l'escorce de Cedre puluerisée, & soufflant doucement cette écorce s'enflamme. Voila comme ils font du feu. J'auois porté vn fufil françois auec moy, & cinq ou fix allumettes, ils s'eftonnoient de la promptitude auec laquelle i'allumois du feu, le mal fut que mes allumettes furent bien toft vfées, ayant manqué d'en porter vn peu dauātage.

Ils ont encore vne autre efpece de fufil, ils tournent vn petit bafton de Cedre, de ce mouuement fort du feu qui allume du tondre: mais comme ie n'ay point veu l'vfage de ce fufil plus familier aux Hurons qu'aux Montagnais, ie n'en diray pas dauantage.

Quand quelqu'vn d'eux a pris vn Ours, il y a bien des ceremonies deuant qu'il foit mangé, vn de nos gens en prit vn. Voicy ce qu'on obferua.

Premierement l'Ours eftant tué, celuy qui l'a mis à mort ne l'apporte point, mais il s'en reuient à la Cabane en donner la nouuelle, afin que quelqu'vn aille voir la prife comme chofe precieufe; car les Sauuages preferent la chair d'Ours à toutes leurs autres viandes: il me femble que le ieune Caftor ne luy cede en rien, mais l'Ours a plus de graiſſe. Voila pourquoy il eſt plus aimé des Sauuages.

Secondement l'Ours a porté toutes les filles nubiles, & les ieunes femmes mariées qui n'ont point encore eu d'éfans, tant celles de la Cabane où l'Ours doit eſtre mangé, que des autres voiſines, s'en vont dehors, & ne rentrent point tant qu'il y reſte aucun morceau de cet animal, dont elles ne gouſtent point: Il negeoit & faiſoit vn temps fort faſcheux, il eſtoit quaſi nuict quãd cét Ours fut apporté en noſtre Cabane: tout à l'heure les femmes & les filles ſortirent, & s'en allerent Cabaner ailleurs le mieux quelles peurent non ſans patir beaucoup, car ils n'ont pas touſiours des écorces à leur commandemẽt pour dreſſer leur maiſon, qu'ils couurẽt en tel cas de brãches de Sapin.

En troiſieſme lieu, il faut bien éloigner les chiens, de peur qu'ils ne lechent le ſang, ou ne mangent les os, voire les excremens de cette beſte, tãt elle eſt cherie. On enterre ceux-cy ſous le foyer, & on iette ceux-là au feu; voila ce que i'obſeruay en cette ſuperſtitiõ. On fit deux banquets de cét Ours, l'ayant fait cuire en deux chaudieres, quoy qu'en mesme temps. On inuita les hōmes & les femmes âgées au premier festin, lequel acheué, les femmes sortirent, puis on depēdit l'autre chaudiere, dont on fit festin à manger tout entre les hommes seulement. Cela se fit le soir de la prise ; le lendemain sur la nuict, ou le second iour, ie ne m'en souuiens pas bien, l'Ours estant entierement mangé, les ieunes femmes, & les filles retournerent.

Si l'oiseau qu'ils nomment *Ouichcatchan*, qui est quasi de la grosseur d'vne pie, & qui luy ressemble, (car il est gris aux endroicts que la pie est noire, & blanc où elle est blanche) se presente pour entrer dans leur Cabane, ils le chassent fort soigneusement, pource disent ils, qu'ils auroient mal à la teste: ils n'ē dōnent point de raison, ils l'ont, si on les croit, experimenté, ie les ay veu prendre le gesier de cét animal, le fendans & regardans dedans fort attentiuement, mon hoste me dit, si ie trouue dedans vn petit os d'Originac (car cét oyseau mange de tout) ie tueray vn Orignac, si ie trouue vn os d'Ours, ie tueray vn Ours, & ainſi des autres animaux.

Dans la famine que nous auons enduré, nos Sauuages ne voulurent point manger leurs chiens, pource que ſi on tuoit vn chié pour le manger, vn hôme feroit tué à coups de hache, diſoiēt-ils.

Mon hoſte iettant quelques branches de pin dans le feu, il preſtoit l'oreille au bruit qu'elles feroient en ſe bruſlant, prononçant quelques paroles; ie luy demanday pourquoy il faiſoit cette ceremonie, pour prendre des Porcs épics, me reſpond il, de dire quel rapport il y a de ces branches bruſlées auec leur chaſſe, c'eſt ce qu'ils ne ſçauent pas, & ne ſçauroient ſçauoir.

Ils ne mangent point la moëlle des vertebres, ou de l'eſpine du dos de quelque animal que ce ſoit, car ils auroient mal au dos, & s'ils fourroient vn baſton dans ces vertebres, ils ſentiroiēt vne douleur, comme ſi on le fichoit dans les leur. Ie le faiſois expres deuant eux pour les deſabuſer, mais vn mal d'eſprit ſi grand, comme eſt vne ſuperſtition inueterée depuis tant de ſiecles, & ſuccée auec le laict de la nourrice, ne se guerit pas en vn moment.

Ils ne mangent point les petits embrions d'Orignac, qu'ils tirent du ventre de leurs meres, sinon à la fin de la chasse de cet animal, la raison est que leurs meres les aiment, & qu'elles s'en rendroient fascheuses & difficiles à prendre, si on mangeoit leur fruict si ieune.

Ils ne reconnoissent que dix Lunes en l'année, i'entends la pluspart des Sauuages, car i'ay fait auouër au Sorcier qu'il y en auoit douze.

Ils croyent que la Lune de Feurier est plus lõgue de plusieurs iours que les autres, aussi la nomment ils la grande Lune; Ie leur ay demanday d'où venoit l'Eclypse de Lune & de Soleil; ils m'ont respondu que la Lune s'éclypsoit ou paroissoit noire, à cause qu'elle tenoit son fils entre ses bras, qui empeschoit que l'on ne vist sa clarté. Si la Lune a vn fils, elle est mariée, ou l'a été, leur dis-je, oüy dea, me dirent ils, le Soleil est son mary qui marche tout le iour, & elle toute la nuict; & s'il s'eclypse, ou s'il s'obscurcit, c'est qu'il prend aussi par fois le fils qu'il a eu de
la

la Lune entre ses bras : oüy, mais ny la Lune ny le Soleil n'ont point de bras, leur disois-je, tu n'as point d'esprit : ils tiénent tousiours leurs arcs bandés deuant eux, voila pourquoy leurs bras ne paroissent point ; & sur qui veulent ils tirer ? hé qu'en sçauons nous. Ie leur demanday que vouloient dire ces taches qui se font voir en la Lune, tu ne sçay rié du tout, me disoient ils ; c'est vn bonet qui luy couure la teste, & non pas des taches. Ie m'enquis pourquoy le fils du Soleil & de la Lune n'estoit pas luisant comme les parents, ains noir & obscur, nous n'en sçauons rien, me firent ils, si nous auions esté au Ciel nous te respondrions. Au reste ils croyent qu'il viet quelquefois en terre, & quand il se pourméne en leur pays, ils meurent en grand nõbre. Ie leur ay demandé s'ils n'auiët point veu de Cometes, ces Estoilles à longue queuë, & ce que c'estoit, nous en auons veu, me dirent ils, c'est vn animal qui a vne grande queuë, 4. pieds, & vne teste, nous voyons tous cela, disoiët-ils.

Ie les interrogeay sur le tonnerre, ils me dirent qu'ils ne sçauoient pas quel animal c'estoit, qu'il mangeoit les serpents

G

& quelquefois les arbres, que les Hurons croyēt que c'est vn oiseau fort grād induit à cette creāce, par vn bruit sourd que fait vne espece d'hirondelle qui paroist icy l'Esté: Ie n'ay point veu de ces oiseaux en France, i'en ay tenu icy, il a le bec, & la teste, & la figure du corps, cōme vne hirondelle, sinō qu'il est vn peu plus gros; il se pourmene le soir en l'air, faisant vn bruit pesāt par reprises. Les Hurons disent qu'il fait ce bruit du derriere, cōme aussi l'oiseau qu'ils pēsent estre le tōnerre, & qu'il n'y a qu'vn seul hōme qui voye cét oiseau, & encore vne fois en la vie; c'est ce que m'ē dit mō vieillard.

Voila vne partie de leurs superstitiōs; que de poussiere dedans leurs yeux, & qu'il y aura de peine à la faire sortir, pour leur faire voir le beau iour de la verité. Ie croy neātmoins, que qui sçauroit parfaittement leur langue, pour les payer promptement de bonnes raisons, qu'ils se mocqueroient eux mesmes de leurs sottises: car par fois ie les rendois honteux & cōfus, quoy que ie ne parle quasi que par les mains, ie veux dire par signes.

Ie veux conclurre ce chapitre par vn estōnement; on se plaint en France d'vne

Messe, si elle passe vne demie heure; le Sermon limité d'vne heure semble par fois trop long, à peine exerce l'on ces actes de Religion vne fois la semaine, & ces pauures ignorants crient & hurlent à toute heure.

Le Sorcier les assemble souuent en plein minuict, à deux heures, à trois heures du matin, dãs vn froid qui gele tout; iour & nuict il les tient en haleine, employans, non vne ou deux heures, mais trois & quatre de suitte, à faire leurs deuotions ridicules. On fait sortir les pauures femmes de leurs Cabanes, se leuãts en pleine nuict, emportants leurs petits enfans parmy les neiges chez leurs voisins. Les hommes harassez du trauail du iour, ayant peu mangé & couru fort lõg temps, au moindre cry qu'on leur faict quittent leur sommeil, & s'en viennent promptement au lieu où se faict le Sabbat, & ce qui semblera au delà de toute creance. Ie n'ay iamais veu former aucune plainte parmy eux, ny aux femmes ny aux hommes, ny mesme aux enfans, chacun se montrant prompt & allaigre à la voix du Sorcier ou du jongleur, helas! mon Dieu, les ames qui vous aiment se ront elles sans sentiment, voyants plus de passion pour des folies, que pour la verité? Belial est-il plus aimable que Iesvs? pourquoy dōc est-il plus ardāment aimé, obey plus promptement, & plus deuotement adoré; mais passons outre.

Des choses bonnes qui se trouuent dans les Sauuages.

Chapitre V.

SI nous commençons par les biens du corps, ie diray qu'ils les possedēt auec auantage: ils sont grands, droicts, forts, bien proportionnez, agiles, rien d'effeminé ne paroist en eux. Ces petits Damoiseaux qu'ō voit ailleurs, ne sont que des hōmes en peinture, à comparaison de nos Sauuages. I'ay quasi creu autrefois que les Images des Empereurs Romains representoient plustost l'idée des peintres, que des hommes qui eussent iamais esté, tant leurs testes sont grosses & puissātes, mais ie voy icy sur les épaules de ce peuple les testes de Iules Cesar, de Pompée, d'Auguste, d'Othon, & des autres que i'ay veu en France, tirées sur le papier, ou releuées en des medailles.

Pour l'esprit des Sauuages, il est de bône trempe, ie croy que les ames sont toutes de mesme estoc, & qu'elles ne different point substantiellemét; c'est pourquoy ces barbares ayans vn corps bien fait, & les organes bien rangez & bien disposez, leur esprit doit operer auec facilité: la seule education & instruction leur mäque, leur ame est vn sol tres bon de sa nature, mais chargé de toutes les malices qu'vne terre delaissée depuis la naissance du môde peut porter. Ie compare volôtiers nos Sauuages auec quelques villageois, pource que les vns & les autres sont ordinairement sans instruction; encore nos Paysans sont-ils precipuez en ce point: & neantmoins ie n'ay veu personne iusques icy de ceux qui sont venus en ces contrées, qui ne confesse & qui n'aduoüe franchement que les Sauuages ont plus d'esprit que nos paysans ordinaires.

De plus, si c'est vn grand bien d'estre deliuré d'vn grand mal, nos Sauuages sont heureux, car les deux tyrans qui donnent la gehenne & la torture à vn grand nombre de nos Europeans, ne regnent point dans leurs grands bois, i'entends l'ambition & l'auarice; Comme ils n'ont ny police, ny charges, ny dignitez, ny commandement aucun, car ils n'obeyssent que par bien-veillance à leur Capitaine; aussi ne se tuët ils point pour entrer dãs les honneurs, d'ailleurs comme ils se contentent seulement de la vie, pas vn d'eux ne se donne au Diable pour acquerir des richesses.

Ils font profession de ne se point fascher, non pour la beauté de la vertu, dõt ils n'ont pas seulemẽt le nom, mais pour leur contentement & plaisir, ie veux dire, pour s'affranchir des amertumes que cause la fascherie. Le Sorcier me disoit vn iour, parlant d'vn de nos François, il n'a point d'esprit, il se fasche, pour moy rien n'est capable de m'alterer; que la famine nous presse, que mes plus proches passent en l'autre vie, que les Hiroquois nos ennemis massacrent nos gens, ie ne me fasche iamais, ce qu'il dit n'est pas article de foy : car comme il est plus superbe qu'aucun Sauuage, aussi l'ay ie veu plus souuent alteré que pas vn d'eux; vray est que bien souuent il se retenoit, & se commãdoit auec violence, notamment quand ie mettois au iour ses niaseries. Ie n'ay iamais veu qu'vn Sauuage prononcer cette parole, *Ninichcatihin*, ie suis fasché encore, ne la profera il qu'vne fois: mais i'aduertis qu'on prit garde à luy, car quand ces Barbares se faschent, ils sont dangereux & n'ont point de retenuë.

Qui fait profession de ne se point fascher, doit faire profession de patience, les Sauuages nous passent tellemét en ce poinct, que nous en deurions estre confus: ie les voyois dans leurs peines, dans leurs trauaux souffrir auec allegresse Mon hoste admirant la multitude du peuple que ie luy disois estre en France, me demandoit si les hommes estoient bons, s'ils ne se faschoient point, s'ils estoiét patients. Ie n'ay rien veu de si patient qu'vn Sauuage malade; qu'on crie, qu'on tempeste, qu'ó saute, qu'on dáse, il ne se plaint quasi iamais. Ie me suis trouué auec eux en des dangers de grandement souffrir; ils me disoient nous serós quelquefois deux iours, quelque fois trois sans manger, faute de viure, prends courage, *Chibiné*, aye l'amé dure, resiste à la peine & au trauail, garde toy de la tristesse, autrement tu seras malade; regarde que nous ne laissons pas de rire, quoy que nous mangions peu, vne chose presque seule les abbat, c'est quand ils voyent qu'il y a de la mort; car ils la craignét outre mesure; ostez cette apprehension aux Sauuages, ils supporteront toute sortes de mespris & d'incommoditez, & toutes sortes de trauaux & d'injures fort patiemmét: Ie produiray plusieurs exemples detout cecy dans la suitte du temps, que ie reserue à la fin de ces chapitres.

Ils s'entraiment les vns les autres, & s'accordent admirablement bien; vous ne voyez point de disputes, de querelles, d'inimitiez, de reproches parmy eux, les hōmes laissent la disposition du mesnage aux femmes sans les inquieter; elles coupent, elles tranchent, elles donnent comme il leur plaist, sans que le mary s'en fasche. Ie n'ay iamais veu mon hoste demāder à vne ieune femme estourdie qu'il tenoit auec soy, que deuenoiét les viures, quoy qu'ils diminuassét assez viste. Ie n'ay iamais oüy les femmes se plaindre de ce que l'on ne les inuitoit aux festins, que les hommes mangeoient les bons morceaux, qu'elles trauailloient incessamment, allans querir le bois pour le chauffage; faisants les Cabanes, passans les peaux, & s'occupans en

en l'année 1634. 105

d'autres œuures assez penibles, chacun fait son petit affaire doucement, & paisiblement sans dispute. Il est vray neantmoins qu'ils n'ont point de douceur ny de courtoisie en leurs paroles, & qu'vn François ne sçauroit prendre l'accent, le ton & l'aspreté de leur voix, à moins que de se mettre en cholere, eux cependant ne s'y mettent pas.

Ils ne sont point vindicatifs entr'eux, si bien enuers leurs ennemis. Ie coucheray icy vn exéple capable de confondre plusieurs Chrestiens. Dans les pressures de nostre famine, vn ieune Sauuage d'vn autre quartier nous vint voir, il estoit aussi affamé que nous; le iour qu'il vint fut vn iour de ieusne pour luy & pour nous, car il ny auoit dequoy manger: le lendemain nos chasseurs ayās pris quelques Castors, on fit festin, auquel il fut tres-biē traitté, on luy dit en outre qu'ō auoit veu les pistes d'vn Orignac, & qu'on l'iroit chasser le lendemain; on l'inuita à demeurer, & qu'il en auroit sa part, luy respōdit qu'il ne pouuoit estre dauantage; s'estant doncques enquis du lieu où étoit la beste, il s'ē retourna: Nos Chasseurs ayans trouué & tué le lendemain c'est Elan, l'enseuelirent dãs la neige, selon leur coustume, pour l'enuoyer querir au iour suiuãt. Or pendãt la nuict mon ieune Sauuage cherche si biẽ, qu'il trouue la beste morte, & en enleue vne bõne partie sans dire mot, le larcin connu par nos gens, ils n'entrerent point en des furies, ne donnerent aucune malediction au voleur; toute leur cholere fut de se gausser de luy, & cependãt c'estoit presque nous oster la vie, que de nous dérober nos viures, car nous n'en pouuions recouurer. A quelque temps de là, ce voleur nous vint voir, ie luy voulus representer la laideur de son crime, mon hoste m'imposa silence, & ce pauure hõme rejettant son larcin sur les chiens, nõ seulement fut excusé, mais encore receu pour demeurer auec nous dans vne mesme Cabane. Il s'en alla donc querir sa femme, qu'il apporta sur son dos, car elle a les iambes sans mouuement; & vne ieune parente qui demeure auec luy apporta son petit fils, & tous quatre prirent place en nostre petit todis, sans que iamais on leur aye reproché ce larcin, ains au contraire on leur a tesmoigné tres-bõ visage, & les a-on traittez comme ceux de la maiſon. Dites à vn Sauuage, qu'vn autre Sauuage a dit pis que pendre de luy, il baiſſera la teſte, & ne dira mot: s'ils ſe rencōtrent par apres tous, ils ne feront nō plus de ſemblant de cela, comme ſi riē n'auoit eſté dit, ils ſe traitteront comme freres, ils n'ont point de fiel enuers leur nation.

Ils ſont fort liberaux entr'eux, voire ils font eſtat de ne riē aimer, de ne point s'attacher aux biēs de la terre, afin de ne ſe point attriſter s'ils les perdēt. Vn chiē dechira n'a pas long temps vne belle robe de Caſtor à vn Sauuage, il eſtoit le premier à s'en rire; l'vne de leurs grādes injures parmy eux, c'eſt de dire cét homme aime tout, il eſt auare; ſi vous leur refuſez quelque choſe, voicy leur reproche, comme ie remarquay l'an paſſé, *Khiſakhitan Sakhita*, tu aime cela, aime le tant que tu voudras: ils n'ouurent point la main à demy quand ils donnent, ie dis entr'eux, car ils ſont ingrats au poſſible enuers les eſtrangers. Vous leur verrez nourrir leurs parents, les enfans de leurs amis, des femmes vefues, des orphelins, des vieillards, ſans iamais leur rien reprocher, leur donnans abondamment quelquefois des Originaux tous entiers; c'est veritablement vne marque d'vn bon cœur, & d'vne ame genereuse.

Comme il y a plusieurs orphelins parmy ce peuple; car depuis qu'ils se sont adonnez aux boissons de vin & d'eau de vie, ils meurent en grand nõbre; ces pauures enfans sont dispersez dans les Cabanes de leurs oncles, de leurs tantes, ou autres parents, ne pensez pas qu'on les rabroüe, qu'on leur reproche qu'ils mãgent les viures de la maison, rien de tout cela, on les traitte comme les enfans du pere de famille, ou du moins peu s'en faut, on les habille le mieux qu'on peut.

Ils ne sont point delicats en leurs viures, en leur coucher, & en leurs habits, mais ils ne sont pas nets; Iamais ils ne se plaignent de ce qu'on leur donne, qu'il soit froid, qu'il soit chaud, il n'importe, quand la chaudiere est cuitte, on la partage sans attẽdre personne, non pas mesme le maistre de la maison, on luy garde sa part qu'on luy presente toute froide. Ie n'ay point oüy plaindre mon hoste de ce que l'on ne l'attendoit pas, n'estant qu'à deux pas de la Cabane. Ils couchẽt sur la terre bien souuent, à l'enseigne des estoiles. Ils passerōt vn iour, deux & trois iours sans manger, ne laissans pas de ramer, chasser, & se peiner tant qu'ils peuuent. L'on verra dans la suite de cette relation, que tout ce que i'ay dit en ce chapitre est tres-veritable, & neātmoins ie n'oserois asseurer que i'aye veu exercer aucun acte de vraye vertu morale à vn Sauuage: Ils n'ont que leur seul plaisir & contentement en veuë, adjoustez la crainte de quelque blasme, & la gloire de paroistre bons chasseurs, voila tout ce qui les meut dans leurs operations.

De leurs vices & de leurs imperfections.

CHAPITRE VI.

LEs Sauuages estans remplis d'erreurs, le sōt aussi de superbe & d'orgueil. L'humilité naist de la verité, la vanité de l'erreur & du mensonge; ils sont vuides de la connoissance de la verité, & par consequent tres remplis d'eux mesmes. Ils s'imaginent que par droit de naissance ils doiuent iouïr de la liberté des asnons Sauuages, ne rendant aucune subiection à qui que ce soit, sinon quand il leur plaist. Ils m'ont reproché cent fois, que nous craignons nos Capitaines, mais pour eux qu'ils se mocquoient & se gauffoient des leur: toute l'authorité de leur chef est au bout de ses leures, il est aussi puissant qu'il est eloquent; & quand il s'est tué de parler & de haranguer, il ne sera pas obey s'il ne plaist au Sauuages.

Ie ne croy pas qu'il y aye de nation sous le ciel plus mocqueuse & plus gauffeuse que la nation des Montagnais, leur vie se passe à manger, à rire, & à railler les vns des autres, & de tous les peuples qu'ils cognoissent; ils n'ont rien de serieux, sinon par fois, l'exterieur faisans parmy nous les graues & les retenus: mais entr'eux sont de vrais badins, de vrais enfans, qui ne demandent qu'à rire. Ie les cachois quelquefois vn petit, notamment le Sorcier, les appellant des enfans, leurs tesmoignás que ie ne pouuois asseoir aucun jugement asseuré sur toutes leurs responses; car si ie leur demandois d'vn, ils me disoient d'autre, pour trouuer suiet de rire & de gausser: & par consequent ie ne pouuois connoistre quand ils parloient serieusement, ou quand ils se mocquoient. La conclusion ordinaire de leurs discours & de leurs entretiens, est en verité nous nous som-

de l'année 1634. 111

mes bien mocquez d'vn tel.

I'ay fait voir dans mes lettres precedentes combien les Sauuages sont vindicatifs enuers leurs ennemis, auec quelle rage & quelle cruauté ils les traittent, les mageants apres leur auoir fait souffrir tout ce qu'vn demon incarné pourroit inuenter, cette fureur est commune aux femmes, aussi bien qu'aux hommes; voire mesme elles les surpassent en ce poinct. I ay dit qu'ils mangent les poux qu'ils trouuent sur eux, non pour aucun goust qu'ils y trouuët, mais pource qu'ils veulent mordre ceux qui les mordent.

Ce peuple est fort peu touché de compassion, quand quelqu'vn est malade dans leurs Cabanes, ils ne laissent pas pour l'ordinaire de crier, de tempester, & de faire autant de bruit, côme si tout le monde estoit en santé; ils ne sçauent que c'est de prendre soin d'vn pauure malade, & de luy donner des viandes qui luy sont bonnes: s'il demande à boire, on luy en donne; s'il demande à manger, on luy en presente, sinon on le laisse là: de l'inuiter auec amour & charité, c'est vn langage qu'ils n'entendent pas; tant qu'vn malade pourra manger, ils le porteront ou le traifneront auec eux; ceffe-il de manger, ils croient que c'eft fait de fa vie, ils le mettent à mort, tant pour le deliurer du mal qu'il endure, que pour fe foulager de la peine qu'ils ont de le porter quand ils vont en quelqu'autre endroit. I'ay admiré auec cõpaffion la patiẽce des malades que j'ay veu parmi eux.

Les Sauuages font mefdifants au de là de ce qu'on en peut penfer; ie dis mefme les vns des autres, ils n'efpargnent pas leurs plus proches: ils font auec cela fort diffimulez; car fi l'vn médit d'vn autre, ils s'en mocquent à gorge defploiée: fi l'autre paroift là deffus, il luy tefmoignera autant d'affection, & le traittera auec autant d'amour, comme s'il l'auoit mis iufques au troifiefme ciel à force de le loüer. La raifon de cecy prouient à mon aduis de ce que leurs detractions & mocqueries, ne fortent point d'vn cœur enfielé, ny d'vne bouche empeftée, mais d'vne ame qui dit ce qu'elle penfe pour fe donner carriere: & qui veut tirer du contentement de tout, voire mefme des mefdifances, & des gaufferies: c'eft pourquoy ils ne fe troublent point; quoy qu'on leur die que d'autres fe font moc-
qués

qués d'eux, ou qu'ils ont blessé leur renommée: tout ce qu'ils repartent ordinairement à ces discours, c'est *mama irinisiou*, il n'a point d'esprit, il ne sçait ce qu'il dit: & à la premiere occasion ils payeront leur detracteur en mesme monnoye, luy rendants le reciproque.

La menterie est aussi naturelle aux Sauuages que la parole, non pas entr'eux, mais enuers les estrangers: en suitte dequoy l'on peut dire, que la crainte & l'espoir, en vn mot, que l'interest est la mesure de leur fidelité, ie ne me voudrois côfier en eux, qu'autât qu'ils craindroient d'estre punis s'ils manquoient à leur deuoir, ou qu'ils espereroient d'estre recompensés s'ils estoient fideles. Ils ne sçauent que c'est d'estre secrets, de tenir leur parole, & d'aimer auec constance; notamment ceux qui ne sont pas de leur nation, car ils sont de bon accord parmy eux, & leurs mesdisances & railleries, n'alterent point leur paix, & leur bonne intelligence.

Ie diray en passant que les Sauuages Montagnais ne sont point larrons, l'entrée leur est libre dans les demeures des François, parce qu'ils ont la main seure:

H

mais pour les Hurons, si on auoit autant d'yeux qu'ils ont de doigts aux mains, encore ne les empescheroit-on pas de dérober, car ils dérobent auec les pieds: ils font profession de ce mestier, & en suitte d'estre battus si on les descouure. Car côme i'ay desia remarqué, ils porteront les coups que vous leur donnerez patiemment; non pas en reconnoissance de leur peché, mais en punition de leur stupidité, s'estans laissez surprendre en leur larcin. Ie laisseray à parler d'eux aux Peres qui les sont allez voir, dont i'enuierois la condition, n'estoit que celuy qui nous assigne nos departemēs est toujours aimable, & toujours adorable, quelque part ou portiō qu'il nous dōne.

Il est du manger parmy les Sauuages, comme du boire parmy les yurognes d'Europe : ces ames seiches & toujours alterées, expireroient volōtiers dās vne cuue de maluoisie, & les Sauuages dans vne marmite pleine de viande; ceux-là ne parlent que de boire, & ceux cy que de manger. C'est faire vne espece d'affront à vn Sauuage, de refuser les morceaux qu'il presente. Vn certain voyant que i'auois remercié mon hoste, qui me

presentoit à manger, me dit, tu ne l'aime
pás, puis que tu l'esconduits: Ie luy dis
que nostre coustume n'estoit pas de mãger à toutes heures, que neantmoins ie
prendrois ce qu'il me donneroit, pourueu qu'il ne m'en donnast guieres souuent. Ils se mirẽt tous à rire, & vne vieille
me dit, que si ie voulois estre aimé de
leur nation, il falloit que ie mangeasse
beaucoup. Quand vous les traittez biẽ,
ils témoignent le contentement qu'ils
prennent en vostre festin par ces paroles, *tapoué nimitifon*, en verité ie mange:
comme si leur souuerain contentement
estoit en cette action: & à la fin du banquet, ils diront pour action de graces, *tapoué nikhifpoun*, veritablemẽt ie suis saoul;
c'est à dire, tu m'as bien traitté, i'en ay
iusques à creuer; i'ay desia me semble remarqué cecy. Ils croyent que c'est besti-
se & stupidité de refuser le plus grãd cõ-
tentement qu'ils puissent auoir en leur
Paradis, qui est le ventre. Ie m'écrierois
volõtiers, ô iuste iugement de Dieu, que
ce peuple qui met sa derniere fin à mãger
soit tousiours affamé, & ne soit point re-
peu que comme les chiens, car leurs festins les plus splendides ne sont pour

H ij

ainsi dire, que les os & les reliefs des tables d'Europe; La premiere action qu'ils font le matin à leur resueil, c'est d'estendre le bras à leur escuelle d'escorce garnie de chair, & puis de manger. Au commencemēt que ie fus auec eux, ie voulus introduire la coustume de prier Dieu deuant que de manger, & de fait ie donnois la benedictiō quand ils le vouloiēt faire: mais l'Apostat me dit, si vous voulez prier autant de fois qu'on mangera dans la Cabane, preparés vous à dire vostre *Benedicite* plus de vingt fois auant la nuict. Ils finissent le iour comme ils le commencent, ils ont encore le morceau à la bouche, ou le calumet pour petuner, quand ils mettent la teste sur le cheuet pour reposer.

Les Sauuages ont tousiours esté gourmands, mais depuis la venuë des Europeans, ils sont deuenus tellement yurognes, qu'encore qu'ils voyent bien que ces nouuelles boissons de vin & d'eau de vie, qu'on leur apporte depeuplēt leurs pays, & qu'eux mesmes s'en plaignent; ils ne sçauroient s'abstenir de boire, faisants gloire de s'enyurer, & d'enyurer les autres. Il est vray qu'ils meurēt en grand nombre, mais ie m'eſtonne encore comme ils peuuent ſi long temps reſiſter, car donnez à deux Sauuages deux & trois bouteilles d'eau de vie, ils s'aſſeoiront, & ſans manger boirōt l'vn apres l'autre, iuſques à ce qu'ils les ayent vuidées. La compagnie de ces Meſſieurs eſt merueil-leuſement loüable, de defendre la traitte de ces boiſſons. Monſieur de Champlain fait tres ſagement de tenir la main que ces deffences ſoient gardées. I'ay appris que Mōſieur le General du Pleſſis les a fait obſeruer à Tadouſſac. On m'a-uoit dit que les Sauuages eſtoient aſſez chaſtes, ie ne parleray pas de tous, ne les ayāt pas tous frequentez, mais ceux que i'ay conuerſez ſont fort lubriques, & hō-mes & femmes. Dieu quel aueuglemēt? quel bō-heur du peuple Chreſtien: que le chaſtiement de ces Barbares! au lieu que par admiratiō nous diſons aſſés ſou-uent, Iesvs qu'eſt cela! mon Dieu qui a fait cela? ces vilains & ces infames pro-noncent les parties des-honneſtes de l'homme & de la femme. Ils ont inceſ-ſamment la bouche puante de ces ordu-res, & meſmes iuſques aux petits enfāts, auſſi leur diſois-je par fois, que ſi les

H iij

pourceaux & les chiens sçauoient parler, ils tiendroient leur langage. Il est vray que si l'impudique Sorcier ne fust pas venu dãs la Cabane où i'estois, i'auois gaigné cela sur mes gens, qu'aucun n'osoit parler des choses des-honnestes en ma presence, mais cét impudent authorisoit les autres. Les femmes vn peu âgées se chauffent presque toutes nuës, les filles & les ieunes femmes, sont à l'exterieur tres honnestement couuertes, mais entre elles leur discours sont puants, comme des cloaques. Il faut neātmoins aduouër que si la liberté de se gorger de ces immondices estoit parmy quelques Chrestiens, cõme elle est parmy ces peuples, on verroit bien d'autres monstres d'excez qu'on ne voit pas icy; veu mesme que nonobstant les loix Diuines, & humaines, la dissolution y marche plus à descouuert que non pas icy. Car les yeux n'y sont point offensez. Le seul Sorcier a fait en ma presence quelque action brutale, les autres battoient seulement mes oreilles, mais s'apperceuants que ie les entendois, ils en estoient honteux.

Or comme ces peuples connoissent bien cette corruption, ils prennent plustoſt les enfans de leurs ſœurs pour heritiers, que leurs propres enfans, ou de leurs freres, reuoquans en doute la fidelité de leurs femmes, & ne pouuāts douter que ces nepueux ne ſoient tirez de leur ſang, auſſi parmy les Hurons, qui ſont plus ſales que nos Montagnais; pource qu'ils ſont mieux nourris, l'enfant d'vn Capitaine ne ſuccede pas à ſon pere, mais le fils de ſa ſœur.

Le Sorcier me diſant vn iour que les femmes l'aimoient, car au dire des Sauuages, c'eſt ſon genie que de ſe faire aimer de ce ſexe. Ie luy dis que cela n'eſtoit pas beau qu'vne femme aimaſt vn autre que ſon mary, & que ce mal eſtāt parmy eux, luy meſme n'eſtoit pas aſſeuré, que ſon fils qui eſtoit là preſent, fut ſon fils. Il me repartit, tu n'as point d'eſprit: vous autres François vous n'aimez que vos propres enfans, mais nous, nous cheriſſons vniuerſellement tous les enfans de noſtre nation, ie me mis à rire, voyant qu'il philoſophoit en cheual & en mulet.

Apres toutes ces belles qualitez, les Sauuages en ont encore vne autre plus onereuſe que celles dont nous auons parlé, mais non pas ſi meſchante; c'eſt

H iiij

leur importunité enuers les estrangers. I'ay coustume d'appeller ces côtrées là, le pays d'importunité enuers les estrangers, pource que les mouches, qui en sont le symbole, & le hierogliphique, ne vous laissent reposer ny iour ny nuict: pendant quelques mois de l'Esté, elles nous assaillent auec telle furie, & si continuellement, qu'il n'y a peau qui soit à l'espreuue de leur aiguillō: tout le monde leur paye de son sang pour tribut. I'ay veu des personnes si enflées apres leurs picqueures, qu'on croyoit qu'ils perdroient les yeux, qui ne paroissoient quasi plus : or tout cela n'est rien, car enfin cette importunité se chasse auec de la fumée, que les mouches ne sçauroient supporter, mais ce remede attire les Sauuages: s'ils sçauent l'heure de vostre disner, ils viēnent tout exprez pour auoir à manger, ils demandēt incessamment, mais auec des presses si reiterées, que vous diriez qu'ils vous tiennent tousiours à la gorge : faites leur voir quoy que ce soit, s'il est tant soit peu à leur vsage : ils vous diront l'aime tu? donne le moy.

Vn certain me disoit vn iour, qu'en son

pays on ne ſçauoit point conjuguer le verbe *do*, au preſent, encore moins au preterit: les Sauuages ignorent tellemét cette coniugaiſon, qu'ils ne vous donneroient point la valeur d'vne obole, s'ils ne croient, pour ainſi dire, retirer vne piſtole; ils ſont ingrats au dernier point.

Nous auons icy tenu & nourry fort long temps noſtre Sauuage malade, qui ſe vint ietter entre nos bras pour mourir Chreſtien, cōme i'ay remarqué cy-deſſus: tous ces cōpatriottes eſtoient eſtōnez du bon traittement que nous luy faiſions, ſes enfants en ſa conſideration, apporterent vn peu de chair d'Elan; on leur demanda ce qu'ils vouloient en eſchange, car les preſents des Sauuages ſont des marchez: ils demanderent du vin & de la poudre à Canon, on leur repart qu'on ne leur en pouuoit donner; que s'ils vouloient autre choſe que nous euſſions, on leur donneroit tres volontiers, on leur donna fort bien à manger, & pour concluſion ils remporterēt leurs viandes, puiſqu'on ne leur donnoit ce qu'ils demandoient, menaçant qu'ils viendroient requerir leur pere, ce qu'ils firent; mais le bon hōme ne voulut pas nous quitter; de cét échantillon, iugez de la piece.

Or ne pensez pas qu'ils se comportent ainsi entr'eux, au contraire, ils sont tres reconnoissants, tres liberaux, & nullement importuns enuers ceux de leur nation. S'ils se cōportent ainsi enuers nos François, & enuers les autres estrangers, c'est à mon aduis que nous ne voulons pas nous allier auec eux comme freres, ce qu'ils souhaitteroient grandement; mais ce seroit nous perdre en trois iours: car ils voudroient que nous allassions auec eux manger de leurs viures tant qu'ils en auroient, & ils viendroiēt aussi manger les nostres tāt qu'ils dureroiēt: & quand il n'y en auroit plus, nous nous metterions tous à en chercher d'autres. Voila leur vie qu'ils passent en festins pendāt qu'ils ont dequoy; mais comme nous n'entendons rien à leur chasse, & que ce procedé n'est pas loüable, on ne veut pas leur prester l'oreille. C'est pourquoy ne nous tenants point comme de leur nation, ils nous traittent à la façon que i'ay dit. Si vn estrāger quel qu'il soit se iette de leur party, ils le traitteront comme eux. Vn ieune Hiroquois, auquel ils auoient donné la vie, estoit comme enfant de la maison; que si vous faites vostre mesnage à part mesprisants leurs loix, ou leurs coustumes, ils vous succeront s'ils peuuent iusques au sang. Il n'y a mouche, ny guespe, ny taon, si importun qu'vn Sauuage.

Ie suis tantost las de parler de leurs desordres, disons quelque chose de leur saleté, & puis finissons ce chapitre.

Ils sont sales en leurs habits, en leurs postures, en leurs demeures, & en leur manger, & cependant il n'y a aucune inciuilité parmy eux; car tout ce qui donne du contentement aux sens, passe pour honeste.

I'ay dit qu'ils sont sales en leurs demeures, l'aduenuë de leurs Cabanes est vne grange à pourceaux. Iamais ils ne balient leur maison, ils la tapissent au cōmencement de branches de pin, mais au troisiesme iour ces brāches sont pleines de poil, de plumes, de cheueux, de coupeaux, de raclure de bois, & cependant ils n'ont point d'autres sieges, ny d'autres licts pour se coucher, dōt l'on peut voir de quelle saleté peuuent estre chargez leurs habits: vray est que ces ordures & saletez ne paroissent pas, tant dessus leurs robes, que dessus les nostres.

Le Sorcier quittant nostre Cabane pour vn temps, me demanda mon manteau, pource qu'il faisoit froid, disoit-il, comme si i'eusse esté plus dispensé des loix de l'Hiuer que non pas luy : ie luy prestay, s'en estant seruy plus d'vn mois, en fin il me le rēdit si vilain, & si sale, que i'en estois honteux, car les flegmes & autres immondices qui le couuroient, luy donnoient vn autre teinture. Le voyant en cét estat, ie le dépliay exprez deuant luy, afin qu'il le vit; connoissant bien ce que ie voulois dire, il me dit fort à propos, tu dis que tu veux estre Mōtagnais & Sauuage comme nous, si cela est, ne sois pas marry d'en porter l'habit; car voila comme sont faites nos robes.

Quand est de leur posture, elle suit la douceur de leur commodité, & non les regles de la bien seance : les Sauuages ne preferent iamais ce qui est honneste à ce qui est delectable. I'ay veu souuent le pretendu magicien couché tout nud, hormis vn mechant brayer plus sale qu'vn torchon de cuisine, plus noir qu'vn écouillō de four, retirer vne de ses iambes contre sa cuisse, & mettre l'autre sur son genoüil releué, haraguant ses gens en cette posture, son auditoire n'auoit pas plus de grace.

Pour leur manger, il est tant soit peu plus net que la mangeaille que l'on donne aux animaux, & non pas encore tousiours, ie ne dis rien par exaggeration, i'en ay gousté & vescu quasi six mois durant. Nous auiõs trois écroüelés en nostre Cabane, le fils du Sorcier qui les auoit à l'oreille d'vne façon fort sale, & pleine d'horreur; son neueu qui les auoit au col, vne fille qui les auoit sous vn bras; ie ne sçay si ce sont vrayes escroüelles, quoy qu'il en soit, ce mal est plein de pus, couuert d'vne croute fort horrible à voir : ils en sont quasi tous frappez en leur ieunesse, tant pour leur saleté, que pource qu'on ne fait point de difficulté de boire & de máger auec des malades. Ie les ay veu cent fois patroüiller dans la chaudiere où estoit nostre boisson cõmune, y lauer leurs mains, y boire à pleine teste comme les bestes, reietter leurs restes là dedans: car c'est la coustume des Sauuages, y fourrer des bastons demy brulés, & pleins de cendre, y plonger de leur vaiſſelle d'eſcorce pleine de graiſſes, de poil d'Orignaux, de cheueux, y puiſer de l'eau auec des chaudrons noirs comme la cheminée: & aprés tout cela, nous beuuions tous de ce broüet, noir comme de l'ambroiſie. Ce n'eſt pas tout, ils reiettẽt là dedãs les os qu'ils ont rongé, puis vous mettent de l'eau ou de la neige dans la chaudiere, la fõt boüillir, & voila de l'hipocras. Vn certain iour des ſouliers venant d'eſtre quittés, tomberent dãs noſtre boiſſon, ils ſe lauerent à leur aiſe, on les retira ſans autre ceremonie puis on beut apres eux comme ſi rien ne fut arriué. Ie ne ſuis pas bien delicat, ſi eſt-ce que ie n'eus point de ſoif tant que cette maluoiſie dura.

Iamais ils ne lauent leurs mains exprés pour manger, encore moins leur chaudiere, & point du tout la viande qu'ils fõt cuire, quoy que le plus ſouuent (ie le dis comme ie l'ay veu cent & cent fois) elle ſoit toute couuerte de poil de beſtes, & de cheueux de leurs teſtes: Ie n'ay iamais beu aucun boüillon parmy eux, qu'il ne m'aye fallu jetter quãtité de ces poils & de ces cheueux, & bien d'autres ordures; comme des charbons, des petits morceaux de bois, & mesme du baston dont ils attisent le feu, & remuent bien souuent ce qui est dans la chaudiere: ie les ay veu par fois predre vn tison ardét, le mettte dãs la cendre pour l'esteindre: puis quasi sans le secoüer, le tremper dãs la chaudiere ou trempoit nostre disner.

Quand ils font secherie de la chair, ils vous ietteront par terre tout vn costé d'Orignac, ils le battent auec des pierres; ils marchent dessus, le foulent auec leurs pieds tout sales, les poils d'hõmes & de bestes, les plumes d'oiseaux s'ils en ont tué, la terre & la cendre; tout cela s'incorpore auec la viande, qu'ils font quasi durcir comme du bois à la fumée; puis quand ils viennent à manger de ce boucan, tout s'en va de compagnie dans l'estomach, car ils nont point d'eau de despart: en vn mot ils croient que nous n'auons point d'esprit de lauer nostre viande, car vne partie de la graisse s'en va tousiours auec l'eau.

Quand la chaudiere commence a boüillir, ils recueillent l'écume fort soigneusement, & la mangent auec delices: ils m'en presentoient auec faueur, ie la trouuois bonne durant nostre famine, mais depuis venant parfois à les remercier de ce present, ils m'appelloient superbe & orgueilleux: ils chassent au rats & aux souris par plaisir, comme aux lieures, & les trouuent également bons.

Les Sauuages ne mangent pas comme nos François dãs vn plat, ou autre vaisselle commune à tous ceux qui sont à table; l'vn d'entreux descend la chaudiere de dessus le feu, & fait les parts à vn chacun, presentant parfois la viande au bout d'vn baston, mais le plus souuent sãs prendre ceste peine, il vous iettera vne piece de chair toute brulante, & pleine de graisse, cõme on ietteroit vn os à vn chiẽ; disant *Nakhimichimi*, tiens, voila ta part, voila ta nourriture; si vous estes habile-homme, vous la retenés auec les mains, sinon garde que la robe ne s'en sente, où que les cendres ne seruent de sel, puisque les Sauuages n'en ont point d'autre.

Ie me suis veu bien empesché au commencement, car n'osant couper la chair qu'ils me donnoient dãs mon plat d'écorce de peur de le blesser, ie ne sçauois comment en venir à bout, n'ayant point d'assiette. Enfin il se fallut faire tout à tout, deuenir Sauuages auec les Sauuages: Ie
iettay

iettay les yeux sur mon compagnon, puis ie taschay d'estre aussi braue homme que luy. Il prend sa chair à pleine main, & vous la couppe morceaux apres morceaux, comme on feroit vne piece de pain, que si la chair est vn peu dure, ou qu'elle cede au cousteau pour estre trop molasse; ils vous la tiennent d'vn bout par les dents, & de l'autre auec la main gauche, puis la main droitte iouë là dessus du violon, se seruãt de cousteau pour archet: & cecy est si commun parmy les Sauuages, qu'ils ont vn mot propre pour exprimer cette actiõ, que nous ne pouuons expliquer qu'en plusieurs paroles & par circumloqution. Si vous esgarez vostre cousteau, comme il n'y a point de couteliers dans ces grãds bois, vous estes condamnez à prendre vostre portion à deux belles mains, & mordre dans la chair & dans la graisse aussi brauement, mais non pas si honnestement que vous feriez dans vn quartier de pome; Dieu sçait si les mains, si la bouche, & vne partie de la face reluisent par apres? le mal est que ie ne sçauois à quoy m'essuyer; de porter du linge, il faudroit vn mulet, ou bien faire tous les jours la lessiue: car en moins de riē tout se change en torchon de cuisine dans leurs Cabanes. Pour eux ils torchēt leurs mains à leurs cheueux, qu'ils nourrissent fort longs, d'autrefois à leurs chiens: ie veis vne femme qui m'apprit vn secret, elle nettoya ses mains à ses souliers, ie fis le mesme; ie me seruois aussi de poil d'Orignac, & de branches de pin, & notamment de bois pourry puluerisé, ce sont les essuyemains des Sauuages; on ne s'en sert pas si doucement comme d'vne toile d'Hollande, mais peut-estre plus gayement & plus ioyeusement. C'est assez parlé de ces ordures.

Des viandes & autres mets dont mangent les Sauuages, de leur assaisonnement, & de leurs boissons.

CHAPITRE VII.

ENtre les animaux terrestres ils ont des Elans, qu'on appelle ordinairement icy des Originaux, des Castors, que les Anglois nomment des Bieures, des Caribōs, qualifiez par quelques vns asnes Sauuages: ils ont encore des Ours, des Blereaux, des Porcs épics, des Renards, des Lieures, des Siffleurs ou Rossignols, c'est vn animal plus gros qu'vn Lieure; ils mangent en outre des Marthes, & des Ecurieux de trois especes.

Pour les oiseaux, ils ont des Outardes, des Oyes blâches & grises, des Canards de plusieurs especes, des Sarcelles, des Bernaches, des Plongeurs de plusieurs sortes; ce sont tous oiseaux de riuiere. Ils prennent encore des Perdrix ou de Gelinottes grises, des Beccasses & Beccassines de quantité d'especes, des Tourterelles, &c.

Quand au Poisson, ils prennent en vn temps des Saulmons de diuerses sortes, des Loups marins, des Brochets, des Carpes, & Esturgeons de diuerses especes, des Poissons blancs, des Poissons dorez, des Barbuës, des Anguilles, des Lamproyes, de L'esplanc, des Tortues & autres.

Ils mangent en outre quelques petits fruicts de la terre, des framboises, des bleuës, des fraises, des noix qui n'ont quasi point de chair, des noisettes, des pommes sauuages plus douces que celles de France, mais beaucoup plus peti-

I ij

tes; des cerises, dont la chair & le noyau ensemble ne sont pas plus grosses que les noyaux des Bigarreaux de France. Ils ont encore d'autres petits fruicts Sauuages de diuerses sortes, des Lambruches en quelques endroicts : bref tout ce qu'ils ont de fruict (ostez les fraises & les framboises qu'ils ont en quantité) ne vaut pas vne seule espece des moindres fruicts de l'Europe.

Ils mangent en outre des racines comme des oignons de martagons rouges, vne racine, qui a goust de reglisse, vne autre que nos François appellent des chapelets, pource qu'elle est distinguée par nœuds en forme de grains, & quelques autres en petit nombre.

Quand la grande famine les presse, ils mangent des racleures ou des escorces d'vn certain arbre, qu'ils nomment *Michtan*, lesquels ils fendent au Printĕps pour en tirer vn suc doux comme du miel, ou cõme du sucre : à ce que m'ont dit quelques vns, mais à peine s'amusent ils à cela tant il en coule peu.

Voila les viandes & autres mets, dont se repaissent les Sauuages des contrées où nous sommes; I'obmets sans doute plusieurs autres especes d'animaux, mais ils ne me reuiennent pas maintenant en la memoire.

Outre ces viures que ce peuple tire de son pays sans cultiuer la terre, ils ont encore des farines & des bleds d'Inde, qu'ils troquent pour des peaux d'Orignac auec les Hurons, qui descendent iusques à Kebec, ou iusques aux trois riuieres. Ils acheptét encore du Petun de cette nation, qui quasi tous les ans en a porté en grande quantité.

De plus, ils ont de nos François de la galette, du biscuit, du pain, des pruneaux, des pois, des racines, des figues, & choses semblables. Voila dequoy se nourrit ce pauure peuple.

Quand à leurs boissons, ils n'en font aucune ny de racines ny de fruicts, se contentans d'eau pure, il est vray que le boüillon dans lequel ils ont cuit la viãde, & vn autre boüillon qu'ils font d'os d'Elan concassez & brisez, seruent aussi de boisson. Vn certain villageois disoit en France, que s'il eust esté Roy il n'eut beu que de la gresse, les Sauuages en boiuent assez souuent, voire mesme ils la mangent & mordent dedans, quand

I iij

elle est figée, comme nous morderions dans vne pomme. Quand ils ont faict cuire vn Ours bien gras ou deux ou trois Castors dans vne chaudiere, vous les verriez ramasser & recueillir la gresse sur le boüillõ, auec vne large cuillier de bois, & gouster cette liqueur comme le plus doux Parochimel qu'ils ayent: quelquesfois ils en remplissent vn grand plat d'escorce, qui faict la ronde à l'entour des conuiez au festin, & chacun en boit auec plaisir. D'autres ayant ramassé cette gresse toute pure, ils iettent dedans quantité de neige; ce qu'ils font encore dans le boüillon gras, quand ils veulent boire vn peu froid, vous verriez de gros morceaux de gresse figée sur ce breuuage, & neantmoins ils le boiuent & l'auallent comme de l'Hipocras. Voila à mon aduis toutes les sortes de boissons qui se retreüuent parmy nos Sauuages, & dont ils m'ont faict gouster en Hiuer. Il a esté vn temps qu'ils auoient horreur de nos boissons d'Europe, mais ils se vendroient maintenant pour en auoir tant ils les ayment. Ie me suis quasi oublié de dire qu'ordinairement ils boiuent chaud ou tiede; ils me tançoient par fois, me voyant boire de l'eau froide, me difants que ie ferois maigre, & que cela me refroidiroit iufques dans les os.

De plus, ils n'entremeflent point le manger & le boire comme nous, mais on diftribue premierement la chair ou les autres mets, puis ayant mangé ce qu'ils veulent, on partage le boüillon, où on le met en certain endroict, & chacun y va boire qui veut.

Difons pour conclufion de ce poinct, que les Sauuages auec tant d'animaux, tant d'oifeaux & de poiffons, font quafi toufiours affamez, la raifon eft, que les oifeaux & les poiffons font paffagers, s'en allant & retournāt à certain temps, & auec cela ils ne font pas trop grands gybboyeurs, & encore moins bons ménagers, car ce qu'ils tuent en vn iour ne void pas l'autre, excepté l'Elan & l'Anguille, dont ils font fecherie quand ils en ont en grande abondance, fi bien que pendant le mois de Septembre & octobre, ils viuent pour la plus part d'anguilles frefches en Nouembre Decembre, & fouuent en Ianuier, ils mangent leurs anguilles boucanées, & quelques Porcs

I iiij

epics qu'ils prennent pendant les petites neiges, cõme aussi quelques Castors, s'ils en trouuent. Quand les grandes neiges sont venuës ils mangent l'Orignac frais, ils le font seicher pour se nourrir le reste du temps iusques en Septembre, auec quelques oiseaux, quelques Ours & Castors qu'ils prennent au Printemps & pendant l'Esté: Or si toutes ces chasses ne donnent point (ce qui n'ariue que trop souuent pour eux) ils souffrent grandement.

De leurs festins.

CHAPITRE VIII.

IL n'y a que les chasseurs effectiuemẽt & ceux qui l'ont esté, qui soient ordinairement conuiez aux festins, les femmes vefues y vont aussi: notamment si ce n'est pas vn festin à manger tout, les filles, les femmes mariées, & les enfans en sont quasi tousiours exclus. Ie dis quasi tousiours, car par fois on les inuite, ie leur ay veu faire des *Acoumagouchanai*, c'est à dire des festins à ne rien laisser, ausquels tout le monde se trouuoit, les hômes, fêmes, & petits enfans: quand ils ont grãde abondance de viures, les femmes font quelquefois des festins par entr'elles, où les hômes ne se trouuẽt point.

Leur façon d'inuiter est sans fard & sans ceremonie, quand tout est cuit & prest à manger (car on n'inuite personne auparauant) quelqu'vn s'en va par les Cabanes où sont ceux qui doiuent estre conuiez, ou bien mesme on leur criera ce mot du lieu où se faict le festin *khinatonmigaouinaouau*, vous estes inuitez au banquet, les hommes ausquels ce mot s'adresse, respondent *ho ho*, & prenant sur l'heure mesme leur plat d'escorce & leur cueiller de bois, s'en viennent en la Cabane de celuy qui les traitte. Quand tous les hommes ne sont pas inuitez, on nomme ceux qu'on veut conuier; le deffaut de ceremonies faict épargner beaucoup de paroles à ces bõnes gens. Il me semble qu'au siecle d'or on faisoit comme cela, sinon que la netteté y estoit en plus grande recommandation que parmy ces peuples.

Dans tous les festins, comme aussi dans leurs repas ordinaires, on donne à vn chaçun sa part, d'où vient qu'il n'y en a que deux ou trois qui ayết les meilleurs morceaux, car ils ne les diuisent point: ils donneront par exemple la langue d'vn Orignac, & toutes ses appartenances à vne seule personne, la queuë & la teste d'vn Castor à vn autre; voila les meilleures pieces, qu'ils appellent *Mascanou*, la part du Capitaine. Pour les boyaux gras de l'Orignac, qui sont leurs grands delices, ils les font ordinairement rostir & en font gouster à tous, comme aussi d'vn autre mets, dont ils font grand estat, c'est le gros boyau de la beste remply de gresse, & rosty auec vne corde qui pend & tourne deuant le feu.

Au reste ils sont magnifiques en ces festins, car ils ne presentent que les bonnes viandes les separants exprés, & donnant à chacun tres abondamment, quand ils en ont.

Ils ont deux sortes de festins, les vns à manger tout, les autres à mãger ce qu'on voudra, remportant le reste pour en faire part à leur famille. Cette derniere façon me semble loüable, car il n'y a point d'excez, chacun prend autant qu'il luy plaist de la portion qui luy est donnée;

voire i'oferois dire que c'eſt vne belle inuention pour conferuer l'amitié entr' eux, & pour fe nourrir les vns les autres: car ordinairement les peres de famille ne mangent qu'vne partie de leurs mets, portans le reſte à leurs femmes & à leurs enfans, le mal eſt qu'ils font trop fouuent des feſtins dans la famine que nous auons enduré: fi mõ hoſte prenoit deux, trois, & quatre Caſtors, tout auſſi toſt fut-il iour, fut-il nuict on en faifoit feſtin à tous les Sauuages voifins, & fi eux auoient pris quelque chofe, ils en faifoient de mefme à mefme temps: fi que fortant d'vn feſtin vous allez à vn autre, & par fois encore à vn troifiefme, & vn quatriefme. Ie leur difois qu'ils ne faifoient pas bien, & qu'il valoit mieux referuer ces feſtins aux iours fuiuans; & que ce faifant nous ne ferions pas tant preſſez de la faim; ils fe mocquoient de moy, demain (difoient-ils) nous ferons encore feſtin de ce que nous prendrons; oüy mais le plus fouuent ils ne prenoient que du froid & du vent.

Pour leurs feſtins à ne rien laiſſer, ils font tres blamables, & c'eſt neantmoins l'vne de leurs grandes deuotions, car ils font ces festins pour auoir bonne chasse, il se faut bien donner de garde que les chiens n'en goustent tant soit peu, tout seroit perdu, leur chasse ne vaudroit rien; Et remarquez que plus ils mangent plus ce festin est efficace; de là vient qu'ils dõneront à vn seul homme, ce que ie ne voudrois pas entreprendre de manger, auec trois bons disneurs, ils creueroient plustost, pour ainsi dire, que de rien laisser. Vray qu'ils se peuuent ayder les vns les autres; quand quelqu'vn n'en peut plus, il prie son compagnon de l'assister, où bien l'on fait passer son reste pardeuant les autres qui en prennent chacun vne partie, & apres tout cela s'il en reste on le iette au feu; celuy qui mange le plus est le plus estimé, vous les entendez raconter leurs proüesses de gueule, specifiants la quantité & les parties de la beste qu'ils ont mãgé; Dieu sçait quelle musique apres le banquet, car ces Barbares donnent toute liberté à leur estomach & à leur ventre, de tenir le langage qui leur plaist pour se soulager; quand aux odeurs qu'on sent pour lors dans leurs Cabanes, elles sont plus fortes que l'odeur des roses, mais elles ne sont pas si douces, vous les voyez haleter & souffler comme des gens remplis iufques au gofier; & de faict comme ils font nuds, ie les voyois enflez iufques à la gorge, encore ont ils du courage là dedans, leur cœur retient ce qu'on luy donne, ie n'ay veu que l'eftomach du Sorcier mécontent de ce qu'on luy auoit donné, quantité d'autres en approchoient de bien prés, mais ils tenoient bon. I'en ay veu parfois de malades apres ces excez.

Mais venons à l'ordre qu'ils gardent en ces banquets ; Ceux qu'on doit traitter eftans conuiez à la façon que i'ay dit, ils s'en viennent auec leur *ouragan*, ou efcuelle leur cuillier, ils entrent dans la Cabane fans ceremonie, chacun prenant fa place comme il vient, ils s'affeoient en rond à l'entour de la chaudiere qui eft fur le feu, renuerfant leur plat deuant eux, leurs fieges, c'eft la terre couuerte de branches de pin, il n'y a point de preseance, toutes les parties d'vn cercle font auffi courbées, & auffi nobles les vnes que les autres, quelquesfois l'vn d'eux dira à celuy qui entre, *Outaiappitou*, viens icy, fieds toy là.

Chacun ayant pris fa place & s'eftant affis en forme de Guenon, retirant fes

jambes contre les cuisses, si c'est vn festin à manger tout, on ne dit mot, on
chante seulement, & s'il y a quelque
Sorcier ou *Manitousiou*, il bat son tambour; vray qu'ils ne sont pas tousiours si
religieux qu'ils ne tiennent quelque petit discours. Si le festin n'est pas à ne rien
laisser, ils s'entretiennent vn peu de
temps de leurs chasses, ou d'autres choses semblables, le plus souuent de gaufferies.

Apres quelques discours, le distributeur du festin, qui est ordinairement celuy qui le fait, descend la chaudiere de
dessus le feu, ou les chaudieres s'il y en a
plusieurs, les mettāt deuant soy, & lors il
fait quelque harāgue ou se met à chāter,
& tous les assistans auec luy; quelquefois
il ne faict ny l'vn ny l'autre, mais seulement il dit les mots de l'entrée du festin, qui ne s'obmettent iamais, c'est à
dire qu'il declare dequoy il est composé: par exemple il dira, hommes qui
estes icy assemblez, c'est vn tel qui faict
le festin, ils respondent tous du fond de
l'estomac *hô-ô-ô* le festin est composé de
chair de Castor, ils poussent de rechef
leur aspiration *hô-ô-ô*, il y a aussi de la fa-

rine de bled d'Inde *hô-ô-ô*, respondent ils, à chaque diuersité de mets.

Pour les festins moins solemnels, celuy qui le faict s'addressant à quelqu'vn de ses amis, ou de ses parents, il luy dira, mon cousin, ou mon oncle, voila le Castor que i'ay pris, nous le mangerons maintenant, & alors tout le monde dit son *hô-ô-ô*, & voila le festin ouuert, duquel on ne sort point, que les mots par lesquels on le conclud ne soient dicts. Cela fait, le distributeur ramasse quelquefois la gresse de dessus la chaudiere & la boit luy tout seul, d'autres fois il en fait part à ses amis, quelquefois il en remplit vn grand & profond plat qui se presente à tous les conuiez comme i'ay dit, & chacun en boit sa part; si le festin est de pois, de farine, de bled d'Inde, ou de choses semblables demy liquides, il prend les *Ouragans*, ou escuelles d'vn chacun, & distribue la chaudiere, le plus esgalement qu'il luy est possible, leurs rendant leurs plats bien garnis, sans regarder par quel bout il commence; il n'y a ny honneur ny blasme d'estre party le premier ou le dernier. Si le festin est de viande, il la tire auec vn baston pointu, la met dans des plats d'escorce deuant soy, puis ayant ietté les yeux sur le nombre des conuiez, il l'a distribue comme il luy plaist, donnant à chacun abondamment, non pas egalement. Car il donnera les friants morceaux à ses confidents, voire mesme quand il a donné à tous vne bonne piece, commençant par ceux qui ne sont pas de sa Cabane, il rechargera iusques à deux & trois fois & non pas pour les autres, personne ne s'offence de ce procedé, car c'est la coustume.

Il presente ordinairement la chair au bout d'vn baston, nommant la piece ou la partie de l'animal qu'il donne, en cette façon; si c'est la teste d'vn Castor, ou d'Asne sauuage, ou d'autre animal, il dira *Nichta Koustigouanime*; Mon cousin, voila ta teste, si c'est vne espaule, il dira voila ton espaule, si ce sont des boyaux, il en dira de mesme; d'autresfois ils disent simplemēt, *Khimitchimi*, voila ton mets: mais prenez garde qu'ils n'ont point l'equiuoque en leur langue que nous auons en la nostre. On raconte d'vn certain, lequel rencontrant son amy, luy dit par courtoisie, si i'auois quelque chose digne de vous, ie vous inuiterois à des-jeusner en

nostre

nostre maison, mais ie n'ay rien du tout, son valet l'entendant luy repartit à la bōne foy, excusez-moy Monsieur, vous auez vne teste de veau, cela dit en lāgage Montagnais n'a rien de ridicule, pource qu'ils n'ōt point d'equiuoque en ces termes, les mots qui signifient ma teste propre & la teste d'animal qui m'est donnée estants differents.

Celuy qui fait le festin & qui le distribue ne fait iamais sa part, il se contente de voir manger les autres sans se rien retenir pour soy; neantmoins quand il y a peu de viures, si tost qu'il a tiré la viande de la chaudiere, son voisin ou son amy choisit les meilleurs morceaux par courtoisie, & les met à part; puis quand tout est distribué, il les presente au distributeur mesme, luy disant vn tel, voila ton mets, il respond comme tous les autres, hô-ô-ô.

Ils ont quelques ceremonies, que ie n'entēds pas bien faisant festin d'vn Ours, celuy qui l'auoit tué, fit rostir ses entrailles sur des branches de pin, prononçant quelques paroles que ie n'entendis pas, il y a quelque grand mystere là dedans: de plus on luy dōna l'os du cœur de l'animal, qu'il porte dans vne petite bource matachiée, penduë à son col, faisans festin d'O-

K

righac, celuy qui luy auoit donné le coup mortel, & qui faisoit le festin, apres auoir distribué la chair, ietta de la gresse dans le feu, disant: *papeouekou, papeouekou*, i'ay desia expliqué ce que cela veut dire.

Le festin distribué, si c'est à manger tout, chacun mange en silence, quoy que quelqu'vns ne laissent pas de dire vn petit mot en passant: aux autres festins, encore qu'il soit permis de parler ordinairement, ils parlent fort peu, s'estonnans des François qui causent autant & plus en table qu'en autre temps: aussi nous appellent-ils des Oyes babillardes. Leurs bouches sont quasi grosses comme des œufs, & c'est le plaisir qu'ils prennent à gouster & à sauourer ce qu'ils mangent, qui leur ferme la bouche, & non l'honnesteté. Vous prendriez trop de plaisir à leur voir assaillir dãs leurs grandes escuelles d'escorce, vn Castor boüilly, ou rosty, notamment quand ils viennent de la chasse, ou de leur voir estudier vn os: ie les ay veus tenir vn pied d'Orignac à deux mains, par vn bout la bouche, & les dents faisants leur deuoir de l'autre: en sorte qu'ils me sembloient vouloir iouër de ces longues flutes d'Allemagne, sinon qu'ils alloient vn peu trop fort, pour auoir long temps bonne haleine: quand ce qu'ils mangent leur agrée, vous leur entendez dire de fois à autre, ainsi que i'ay desia remarqué, *tapcué nimitison*, en verité ie mange, côme si on en doutoit. Voila le grand tesmoignage qu'ils rendent du plaisir qu'ils prennent à vostre festin ; au reste ayant succé, rongé, brisé les os qui leurs escheent pour en tirer la gresse & la mouelle, ils les rejettent dans la chaudiere pleine de boüillon qu'ils doiuent boire par apres, il est vray qu'aux bâquets à tout manger, ils sont deliurez de cette inciuilité, car il n'y a point d'os.

Ayans mangé les mets qu'on a presenté, on distribue le boüillon de la chaudiere, dont chacun boit selon sa soif, si c'est vn banquet de deuotion, c'est à dire, à ne rien laisser, quelquefois il faut aussi boire tout le boüillon, d'autrefois il suffit qu'on mâge toute la viande, estant libre de boire ce qu'on voudra du boüillon. Quand le Maistre du festin void qu'on cesse de mâger, il dit les paroles qui terminent le banquet, qui sont celles-cy, ou autres semblables, *Egou Khé Khiouiécou*; or vous vous en irez, supplé, quand il vous plaira, le festin conclud, quelques vns demeurent vn peu de temps pour discourir, d'autres s'en vont aussi tost délogeans sans trompette; c'est à

K ij

dire, qu'ils sortent sans dire mot, parfois ils disent, *Nikhiöüan*, ie m'en vay, on leur respond *Niagoüté*, allez à la bonne-heure, voila le grand excez de leurs compliments.

De leur chasse & de leur pescherie.

CHAPITRE IX.

COmmençons par l'Elan, quand il y a peu de neiges, ils le tuent à coups de fleches, le premier que nous mangeasmes fut ainsi mis à mort, mais c'est vn grand hazard quand ils peuuent approcher de ces animaux à la portée de leurs arcs, car ils sentent les Sauuages de fort loing, & courent aussi viste que les Cerfs. Quand les neiges sont profondes, ils poursuiuent l'Elan à la course, & le tuent à coups d'espées, qu'ils emmanchent à de longs bastons pour cét effect: ils dardent ces espées quand ils n'osent ou ne peuuent aborder la beste, ils poursuiuent parfois deux & trois iours vn de ces animaux, les neiges n'estant, ny assez dures ny assez profondes, d'autrefois vn enfant les tueroit quasi, car la neige venant à se glacer apres quelque petit dégel, ou quelque pluye, elle blesse ces paunres Orignaux, qui ne vont pas loing sans estre massacrez.

(

On m'auoit dit que l'Elan estoit grand cōme vn mulet d'Auuergne, il est vray qu'il a la teste longue cōme vn mulet, mais ie le trouue aussi gros qu'vn bœuf, ie n'en ay veu qu'vn seul enuie, il estoit ieune, à peine le bois ou les cornes luy sortoient de la teste, ie n'ay point veu en France, ny genisse, ny bouuillon, qui approchât de sa grosseur, ny de sa hauteur; il est haut monté comme le Cerf, son bois est haut branchu & plat en quelque façon, non rond comme celuy des Cerfs, ie parle des bois que i'ay veu, peut-estre y en a-il d'autre façō. Quelqu'vn m'a dit que la femelle portoit tousiours deux petits, & tousiours masle & femelle: més Sauuages, au contraire, disent qu'elle en porte tantost vn tantost deux, & qu'vne seule fois ils en ont trouué trois dans vne femelle, ce qui les estonna comme vn prodige.

I'ay quelque pensée qu'on pourra auec le temps domestiquer ces animaux, qu'on s'en pourra seruir pour le labourage, & pour tirer des tranées sur la neige, ce seroit vn grand soulagement.

Quand les Sauuages ont tué plusieurs Elans, & passé plusieurs iours en festins, ils pensent à leur prouision & à leur seicherie, ils vous étendrons sur des perches les deux costez d'vn grand Orignac, en ayant osté les os: si la chair est trop épaisse, ils la leuēt par laichent, & en outre la tailladent, afin que la fumée la desseiche & la penetre par tout, lors qu'elle commence à ce seicher ou boucaner, ils la battent auec des pierres, la foulent aux pieds, afin qu'il n'y demeure dedans aucun suc qui la puisse corrompre, enfin estant bien boucané, ils la plient & la mettent en paquets, voila leur prouision, le boucan est vn pauure manger, la chair fraische de l'Elā est fort aisée à digerer, elle ne dure point dãs l'estomac; voila pourquoy les Sauuages ne la font point tant cuire: Pour le goust, il me semble que la chair d'vn bœuf ne cede point à la chair d'vn bon Elan.

Le Castor ou le Bieure se prend en plusieurs façõs. Les Sauuages disent que c'est l'animal bien aymé des François, des Anglois, & des Basques, en vn mot des Europeans; i'entendois vn iour mon hoste qui disoit en se gaussant, *Missi picoutau amiscou*, le Castor fait toutes choses parfaictement bien, il nous faict des chaudieres, des haches, des espées, des couteaux, du pain, bref il fait tout; il se mocquoit de nos Europeans qui se passionnent pour la peau de cest animal, & qui se battent à qui dõnera le plus à ces Barbares, pour en auoir iufques là que mon hoſte me dit vn iour me monſtrant vn fort beau couteau, les Anglois n'ont point d'eſprit, ils nous donnent vingts couteaux comme celuy là pour vne peau de Caſtor.

Au Printemps, le Caſtor ſe prend à l'attrappe amorcée du bois dont il mange, les Sauuages ſont tres-bien entendus en ces attrapes, leſquelles venant à ſe detendre, vne groſſe pierre de bois tombe ſur l'animal & l'aſſomme, quelquefois les chiens rencontrant le Caſtor hors la Cabane, le pourſuiuent & le prennent aiſement, ie n'ay point veu cette chaſſe, mais on m'en a parlé, & les Sauuages font grand eſtat d'vn chié qui sēt & découure cét animal.

Pendant l'Hiuer ils le prennent à la rets & ſoubs la glace, voicy comment; on fend la glace en long, proche de la Cabane du Caſtor, on met par la fente vn rets & du bois qui ſert d'amorce, ce pauure animal venant chercher à manger s'enlace dans ces filets faicts de bonne & forte ficelle double, & encore ne faut il pas tarder à les tirer, car ils ſeroiēt bien toſt en pieces, eſtāt ſorty de l'eau par l'ouuerture faite en la glace, ils l'aſſōment auec vn gros baſtō.

L'autre façon de le prendre ſous la glace eſt plus noble, tous les Sauuages n'en ont pas l'vsage, mais seulement les plus habiles; ils brisent à coups de haches la Cabane ou maison du Castor, qui est en effect admirable, il n'y a mousquet qui la transperce à mon aduis, pendant l'Hiuer elle est bastie sur le bord de quelque petit fleuue, ou d'vn estang, faicte à double estage, sa figure est ronde, les materiaux dont elle est composée sont du bois & de la terre, si bien liez & vnis par ensemble, que i'ay veu nos Sauuages en plein Hiuer suer pour y faire ouuerture à coups de haches, l'estage d'embas est dãs ou sur le bord de l'eau, celuy d'enhaut est au dessus du fleuue, quand le froid a glacé les fleuues & les estãgs, le Castor se tient retiré en l'estage d'ẽhaut, où il a fait sa prouision de bois pour manger pendant l'Hiuer; il ne laisse pas neantmoins de descendre de cest estage en celuy d'embas, & de celuy d'embas il se glisse sous les glaces, par des trous qui sont en ce bas estage, & qui respondent sous les glaces: il sort pour boire & pour chercher du bois qu'il mange, lequel croist sur la riue des estangs, & dans les estangs mesme; ce bois par embas est pris dans les glaces, le Castor le va couper par dessous, & le porte en sa maison. Or les Sauuages ayans brisé cette maison, ces pauures animaux, qui sont par fois en grand nombre sous vn mesme toict, s'en vont sous les glaces, qui d'vn costé, qui d'vn autre, cherchans des lieux vuides & creux entre l'eau & la glace, pour pouuoir respirer: ce que sçachans leurs ennemis, ils se vont pourmenans sur l'estang ou sur le fleuue glacé, portans vn long baston en main, armé d'vn costé d'vne tranche de fer, faite comme vn ciseau de Menuisier, & de l'autre d'vn os de Baleine, comme ie croy; ils sondent la glace auec cest os, frappans dessus & prenans garde si elle sonne creux, & si elle donne quelque indice de sa concauité, alors ils couppent la glace auec la tranche de fer, regardãs si l'eau n'est point agitée par le mouuement ou par la respiration du Castor: si l'eau remuë, ils ont vn bastõ recourbé qu'ils fourrent dans le trou qu'ils viennent de faire, s'ils sentent le Castor, ils le tuẽt auec leur grand baston, qu'ils appellent *ca ouikachit*, & le tirans de l'eau, en vont faire curée tout aussi tost, si ce n'est qu'ils ayent grande esperance d'en prendre d'autres: Ie leur demandois pourquoy le Castor attendoit là qu'on le tuast, où ira il, me disoiẽt ils, sa maison est rompuë, les autres endroits où il peut respirer entre l'eau & la glace sont cassez, il demeure là dans l'eau, cherchant de l'air, cependant on l'assomme, il sort quelquefois par la Cabane, ou par quelque trou, mais les chiens qui sont là, & qui le sentent, & l'attendent, l'ont bien tost attrapé.

Lors qu'il y a quelque fleuue voisin, ou quelque bras d'eau conjoinct à l'estang où ils sont, ils se coulẽt là dedans; mais les Sauuages barrent ces fleuues quand ils les découurent, ils cassent la glace & fichent quantité de pieux les vns pres des autres, en sorte que le Castor ne peut euader par là. I'ay veu de grands lacs qui sauuoient la vie aux Castors, car nos gens ne pouuans casser tous les endroicts où ils pouuoient respirer, aussi ne pouuoient ils attraper leur proye; Il y a quelquefois deux menages de Castors dans vne mesme Cabane, c'est à dire deux masles & deux femelles auec leurs petits.

La femelle en porte iusques à sept, quatre, cinq, six pour l'ordinaire, ils ont quatre dents, deux embas & deux en haut merueilleusemẽt aterées, les autres deux sont petites, mais celles-cy sont grandes & tranchantes, ils s'en seruent pour couper les bois de leur prouision, & les bois dont ils batissent leur demeure, ils aiguisent ces dents quand elles sont emoucées, les frottans & pressants les vnes contre les autres, faisans vn petit bruit que i'ay oüy moy-mesme.

Le Castor a le poil fort doux, les chapeaux qu'on en fait en sont tesmoins, il a des pieds fort courts & fort propres pour nager, car ils ont vne peau continue entre les ongles, à la façon des oyseaux de riuiere, ou des loups marins, sa queuë est toute platte, assez longuette faicte en ouale, i'en mesuray vne d'vn gros Castor, elle auoit vne paulme & huict doigts ou enuiron de longueur, & quasi vne paulme de la main en largeur, elle estoit assez épaisse, elle est couuerte, non de poil, mais d'vne peau noire figurée en écailles: ce ne sont pas pourtant de vrayes écailles: on prend icy le Castor pour vn animal amphiuie, voila pourquoy on en mange en tout temps: ma pensée est que sa gresse fonduë approche plus de l'huille que de la gresse, la chair en est fort bonne, elle m'a semblé vn peu fade au Printemps, & non pas en Hiuer; Au reste si sa peau surpasse la peau du mouton, la chair de mouton surpasse à mon aduis celle de Castor, tant pource qu'elle est de meilleur goust, comme aussi que le Moutõ est plus gros qu'vn Castor.

Le Porc épic se prend à l'attrape & à la course, le chien l'ayant découuert, il est mort s'il n'est bien prés de son giste, qu'il faict sous de grandes roches, sous lesquelles s'estant retiré, il est en lieu d'asseurance; car ny les hômes, ny les chiens, ne se sçauroient glisser là dessous, il ne peut courre sur la neige, voila pourquoy il est bien tost assommé, & n'est guere plus gros qu'vn gros cochon de laict, ses pointes ou piquerons sont blācs, longuets & assez minces, entrelassez & entremeslez d'vn poil noir ou grisate: l'ay veu en France des armes où il y auoit des pointes de Porcs épics trois fois plus longues & dix fois plus grosses & biē plus fermes que celles des Porcs épics de ce païs cy: les Sauuages m'ont dit que vers le fleuue de Saguenay, tirāt vers le Nord, ces animaux y estoient bien plus gros. Ils les brulent comme nous faisons les pourceaux en France, puis les ayant raclez, les font boüillir ou rostir, le manger en est bon, assez dur neantmoins, notamment des vieux, car les ieunes sont tendres & delicats; mais ils n'approchent point, ny de nos Porcs Sangliers, ny de nos Porcs domestiques.

Cest animal a les pieds tortus, & les iette en dehors, ses piquerons ont cette qualité, s'ils piquēt vn chien ou quelque persōne, ils entrent incessamment, s'insinuans ou glissans petit à petit, & s'en allans ressortir par la partie opposée à leur entrée, par exemple s'attachans au dos de la main, ils la transperceront & sortiront par le dedans. J'ay souuent veu les chiens tous herissez de ses pointes entrées desia à demy quand leurs Maistres les retiroient. Voulant considerer le premier qu'on apporta en la Cabane où ie demeurois auec les Sauuages, ie l'empoignay par la queuë, & le tiray vers moy, tous ceux qui me regardoient se mirent à rire, voyans cōme ie procedois; & de faict quoy que i'eusse tasché de le prendre dextremēt, si est-ce que quantité de ces petites lances s'attacherēt a mes mains, car il n'y a aiguille si pointuë, ie les retiray aussi tost, & les iettay dans le feu.

L'Ours au Printemps se prend à l'attrape, l'Hiuer ils le trouuēt dans des arbres creux où il se retire, passans plusieurs mois sans manger, & cependant il ne laisse pas d'estre fort gras, ils couppent l'arbre pour faire sortir la proye qu'ils assomment sur la neige, ou bien à la sortie de son giste.

Ils prennent les Lieures au lacet, ou les tuent auec leurs arcs ou matras; i'ay desia remarqué autrefois que ces animaux sont blancs pendant les neiges, & gris en autre temps, ie les trouue vn peu plus hauts & plus pattus que ceux de France. Ils tuent les

Marthes & les Eſcurieux en meſme façon; voila les chaſſes d'animaux terreſtres que i'ay veu.

Pour les oiſeaux, ils en tuent quelques vns auec leurs arcs, ſe ſeruans de fleches & de Matras, mais c'eſt fort raremēt: depuis qu'ils ont traitté des armes à feu auec les Anglois, ils ſont deuenus demy Gibboyeurs, quelques vns d'entr'eux tirent aſſez bien; mon hoſte eſt l'vn de leurs meilleurs harquebuſiers, ie luy ay veu tuer quelques Outardeaux, quelques Canards & Becaſſines, mais leur poudre eſt bien toſt vſée.

Quand à leur peſche, ils ſe ſeruent de rets, cōme nous qu'ils traittent des François, & des Hurons: ils ont vne façon particuliere de peſcher le Saulmon, mais ne m'y eſtant pas trouué, ie n'en diray rien.

Pour l'Anguille, ils la peſchent en deux façons auec vne naſſe, où auec vn harpon, Ils font des naſſes auec aſſez d'induſtrie, longues & groſſes, capable de tenir cinq & ſix cens anguilles: la mer eſtant baſſe, ils les placent ſur le ſable, en quelque lieu propre & reculé, les aſſeurans en ſorte que les marées ne les emportent point: aux deux coſtez ils ramaſſent des pierres qu'ils étendent comme vne chaiſne ou petite muraille de part & d'autre, afin que ce poisson qui va tousiours au fond rencontrât cest obstacle, se glisse doucement vers l'embôucheure de la nasse où le conduisent ces pierres; la mer venant à se grossir, couure la nasse, puis se rabaissant, on la va visiter: par fois on y trouue cêt ou deux cêts Anguilles d'vne marée, d'autrefois trois cêt, quelquefois poinct du tout, quelquefoix, six, huict, dix, selon les vents & les temps: Quand la mer est agitée, on en prend beaucoup, quand elle est calme, peu ou point, mais alors ils ont recours à leur harpon.

Ce harpon est vn instrument, composé d'vn long baston, gros de trois doigts, au bout duquel ils attachent vn fer pointu, lequel ils armêt de part & d'autre de deux petits bastons recourbés, qui se viennent quasi ioindre au bout de la pointe du fer: quand ils viennent à frapper vne anguille de ce harpon, ils l'embrochent dans ce fer les deux bastons adjoincts, cedans par la force du coup, & laissãs entrer l'anguille; puis se reserrans d'eux mesme, car ils ne s'ouurent que par la secousse du coup, ils empeschent que l'anguille embrochée ne ressorte.

Cette pesche au harpon, ne se fait ordinairement que la nuict, ils se mettēt deux Sauuages dans vn canot, l'vn derriere qui le gouuerne & qui rame, & l'autre est deuant, lequel à la faueur d'vn flambeau d'écorce, attaché à la prouë de son vaisseau, s'en va cherchant la proye de ses yeux, rodans doucement sur le bord de ce grād fleuue, apperceuāt vne Anguille, il lance son harpon sans le quitter, la perce comme i'ay dit, puis la iette dans son canot; il y en a tel qui en prendra trois cens en vne nuict, & bien dauantage, quelquefois fort peu. C'est chose estrange de la quantité de ce poisson qui se retrouue en cette grāde riuiere, és mois de Septembre & d'Octobre, & cela deuant l'habitation de nos François, dont quelques vns de ceux qui ont demeuré plusieurs années sur le pays, se sont rendus aussi experts en cét art que les Sauuages.

On croit que cette grande abondance, prouient de quelques lacs des pays plus hauts, qui venans à se dégorger nous font present de cette manne, qui nous nourrit, non seulement tout le Caresme & autres iours de poissons, mais aussi en autre tēps.

Les Sauuages font secherie de ces lōgs poissons à la fumée; estans apportez dans leurs Cabanes, ils les laissent vn peu de temps en l'année 1634.

temps égouster, puis leur couppent la teste & la queuë, ils les ouurent par le dos, puis les ayans vuidées ils les tailladent, afin que la fumée entre par tout: les perches de leurs Cabanes en sont toutes chargées, estans bien boucanées, ils les accouplent & en font de gros paquets, en mettans enuiron vne centaine ensemble; voila leurs viures iusques à la neige qui leur donne de l'Orignac.

Ils tuent le Loup marin à coups de baston, le surprenant lors que sortant de l'eauë, il se va éguayer sur quelques roches au Soleil, car ne pouuant courir, s'il est tant soit peu esloigné de son element il est perdu.

C'est assez pour ce chapitre, ie ne fais pas profession de tout dire, mais seulement de remarquer vne partie des choses qui m'ont semblé deuoir estre escrites, qui voudra auoir vne pleine cognoissance de ces contrées, qu'il lise ce qu'en a escrit Monsieur de Champlain, si faut il auant que ie passe outre, que ie dise deux mots de quatre animaux, que ie n'ay point veu en France, ie ne sçay où les loger, sinõ au bout de ce chapitre.

L'vn se nomme des Sauuages *Ouinas-*

L

cou., nos François l'appellẽt le siffleur ou le Rossignol, ils luy ont donné ce nom, pource qu'encore qu'il soit de la chasse des animaux terrestres, il chante neantmoins cõme vn oiseau, ie dirois volontiers qu'il siffle comme vne Linotte bien instruite, sinon qu'il m'est aduis qu'il ne sçait qu'vne chanson c'est à dire qu'il n'a pas vne grande varieté de tons, mais il dit tres-bien la leçon que la nature luy a apprise. Il est enuiron de la grosseur d'vn Lieure, d'vn poil roux ; quelques vns m'ont asseuré qu'il se roule en peloton, & que comme vn Liron il dort tout l'Hiuer, sans qu'on le puisse réueiller, ie n'en ay point veu que l'Esté, cest animal est vn excellent manger, ny le Lieure n'en approche pas.

L'autre est vn animal basset, de la grandeur des petits chiens, ou d'vn chat, ie luy donne place icy, non pour son excellence, mais pour en faire vn symbole du péché, i'en ay veu trois ou quatre, il est d'vn poil noir assez beau & luisant, il porte sur son dos deux rayes toutes blãches, qui se ioignãs vers le col & proche de la queuë, font vne ouale qui luy dõne tres belle grace ; la queuë est touffuë &

bien fournie de poil, comme la queuë d'vn Regnard, il la porte retroussée, côme vn Escurieux, elle est plus blanche que noire, vous diriez à l'œil notāment quant il marche, qu'il meriteroit estre nommé le petit chien de Iupiter; mais il est si puant, & iette vne odeur si empestée, qu'il est indigne d'estre appellé le chien de Pluton, il n'y a voirie si infecte, ie ne l'aurois pas creu si ie ne l'auois senty moy mesme, le cœur vous manque quasi quand vous en approchez, on en a tué deux dans nostre court; plusieurs iours apres il sétoit si mal par tout nostre maison, qu'on n'en pouuoit supporter l'odeur. Ie croy que le peché que sentit saincte Catherine de Sienne, deuoit estre de mesme puanteur.

Le troisième est vn Escurieux volant, il y en a icy de trois espèces. Les vns sont communs, & sont non si beaux que ceux de France, les autres que nos François nomment Suisses, pour estre bigarrez sur le dos, sont tres-beaux & fort petits; les Escurieux volans sont assez beaux, leur excellence consiste en ce qu'ils volent; ce n'est pas qu'ils ayent des aisles, mais ils ont vne certaine peau aux deux coſtez, qu'ils replient fort proprement contre leur ventre quand ils marchent, puis l'eſtendent quand ils volent. Leur vol n'eſt pas à mon aduis de longue haleine, i'en ay veu voler vn, il ſe ſouſtenoit fort bien en l'air, mon hoſte me l'auoit donné; ie le voulois enuoyer à V. R. mais la mort la deliuré d'vn ſi lõg voïage

Le quatriéme ſe nomme de nos François l'oiſeau mouche, pource qu'a peine eſt-il plus gros qu'vne abeille, d'autres l'appellent l'oiſeau fleur, pource qu'il ſe nourrit ſur les fleurs; c'eſt à mon iugement l'vne des grãdes raretez de ce païs cy, & vn petit prodige de la nature, Dieu me ſemble plus admirable en ce petit oiſeau qu'en vn grand animal, il bruit en volant comme vne abeille; ie l'ay veu quelquefois ſe ſouſtenir en l'air, becquetant vne fleur, ſon bec eſt longuet, ſon plumage me ſembloit d'vn verd paré; ceux qui l'appellent l'oiſeau fleur diroient mieux en mon iugement, le nommant la fleur des oiſeaux.

De leurs habits & de leurs ornements.
CHAPITRE X.

C'Eſtoit la penſée d'Ariſtote, que le mõde auoit fait cõme trois pas, pour arriuer à la perfection qu'il possedoit de son temps. Au premier les hommes se contentoient de la vie, ne recherchants purement & simplement que les choses necessaires & vtiles pour sa conseruation. Au second ils ont conjoint le delectable auec le necessaire, & la bien-seance auec la necessité. On a trouué premierement les viures, puis les assaisonnements, on s'est couuert au cōmencement contre la rigueur du temps, & par apres on a donné de la grace & de la gentillesse aux habits, on a fait des maisons aux premiers siecles simplement pour s'en seruir, & par apres on les a fait encore pour estre veuës. Au troisiéme pas les hommes d'esprit voyans que le monde iouyssoit des choses necessaires & douces pour la vie, ils se sont adonnez à la contemplation des choses naturelles, & à la recherche des sciences, si bien que la grande Republique des hommes s'est petit à petit perfectionnée, la necessité marchant deuant, la bien-seance & la douceur venant apres, & les sciences tenant le dernier rang.

Or ie veux dire que nos Sauuages Montagnais & errans, ne sont encore qu'au premier degré des trois que ie vi ës de toucher, ils ne penſent qu'à viure, ils mãgent pour ne point mourir, ils ſe couurent pour banir le froid, non pour paroiſtre, la grace, la bien ſeance, la connoiſſance des arts, les ſciences naturelles, & beaucoup moins les veritez ſurnaturelles, n'ont point encore de logis en cét hemiſphere, du moins en ces contrées. Ce peuple ne croit pas qu'il y ait autre ſcience au monde, que de viure & de mãger, voila toute leur Philoſophie. Ils s'eſtõnent de ce que nous faiſons cas de nos liures, puiſque leur connoiſſance ne nous donne point dequoy banir la faim, ils ne peuuent comprendre ce que nous demandons à Dieu en nos prieres. Demande luy, me diſoient-ils, des Originaux, des Ours & des Caſtors, dis luy que tu en veux manger; & quand ie leur diſois que cela eſtoit peu de choſe, qu'il y auoit biẽ d'autres richeſſes à demãder, ils ſe rioyent, que pourrois tu, me repondoient ils ſouhaitter de meilleur, que de manger tõ ſaoul de ces bonnes viandes? Bref ils n'ont que la vie, encore ne l'ont-ils pas toute entiere, puiſque la famine les tuë aſſez ſouuent.

Iugez maintenant qu'elle peut-eſtre la gentilleſſe de leurs habits, la nobleſſe & la richeſſe de leurs ornements, vous prēdriez plaiſir de les voir en cōpagnie: pendant l'Hiuer toutes ſortes d'habits leurs ſont propres, & tout eſt commun tant aux femmes comme aux hommes; il n'y a point de difformité en leurs ve-ſtemens, tout eſt bon pourueu qu'il ſoit biē chaud. Ils ſont couuerts propremēt, quand ils le ſont commodement; dōnez leur vn chaperon, vne homme le porte-ra auſſi bien qu vne femme, il n'y a habit de fol dont ils ne ſe ſeruent ſagement, s'ils s'en peuuent ſeruir chaudement: ils ne ſont point comme ces Seigneurs qui s'attachent à vne couleur. Depuis qu'ils prattiquent nos Europeans, ils ſont plus bigarrez que des Suiſſes. I'ay veu vne pe-tite fille de ſix ans veſtuë de la caſaque de ſon pere, qui eſtoit vn grand homme il ne falut point de Tailleur pour luy mettre cét habit dans ſa iuſteſſe, on le ramaſſe à l'entour du corps, & on le lie comme vn fagot. L'vn a vn bonnet rou-ge, l'autre vn bōnet verd, l'autre vn gris, tous faits, nō à la mode de la Cour, mais à la mode de la commodité. L'autre au-

ra vn chapeau que si les bords l'empeschent, il les couppent.

Les femmes ont pour robbe vne ca-
misolle ou vn capot, ou vne casaque, ou
vne castelogne, ou quelque peau dont
ils s'enueloppent, se lians en autãt d'endroits qu'il est necessaire, pour fermer
les aduenuës au vent? L'vn porte vn bas
de cuir, l'autre de drap, pour le present
ils couppent leurs vieilles couuertures
ou castellongnes, pour faire des mãches
& des bas de chausses. Ie vous laisse à
penser si cela est bien vuidé & bien tiré;
en vn mot ie reïtere ce que i'ay desia dit,
leur proprieté est leur commodité, &
comme ils ne se couurent que contre
l'injure du tẽps, si tost que l'air est chaud,
ou qu'ils entrent dans leurs Cabanes,
ils iettent leurs atours à bas, les hõmes
restãs tous nuds, à la reserue d'vn brayer
qui leur cache ce qui ne peut estre veu
sans vergongne. Pour les femmes elles
quittent leur bonnet, leurs manches &
bas de chausses, le reste du corps demeurant couuert. Voila l'equipage des Sauuages, pour le present qu'ils communi-
quent auec nos François.

Ce peuple va tousiurs teste nuë, hormis dans les plus grands froids, encore y en a-il plusieurs qui ne se couurent iamais, ce qui me fait conjecturer que fort peu, se seruoient de bõnets, auant qu'ils communiquassent auec nos Europeãs, aussi n'en sçauroient ils faire, ains ils les traittent tous faits, ou du moins les font tailler à nos François. Voila pour leur coiffure, qui n'est autre que leurs cheueux, tant aux hommes qu'aux femmes, & mesme aux enfans; car ils sont testes nuës dans leur maillot.

Leurs robbes sont faictes de peaux d'Elans, d'Ours, & d'autres animaux. Les plus riches en leur estime sont faites des peaux d'vne espece de petit animal noir, qui se trouue aux Hurons, il est de la grandeur d'vn Lapin, le poil est doux & luisant, il entre bien vne soixantaine de ces peaux dans vne robbe, ils attachẽt les queuës de ces animaux aux bas, pour seruir de franges, & les testes au haut pour seruir d'vne espece de rebord. La figure de leur robbe est quasi quarrée, les femmes les peignent, tirant des raïes du haut en bas, ces raïes son également distantes & larges, enuiron de deux pouces vous diriez du passement.

Les hommes portent leurs robbes en deux façons: quand il fait vn peu chaud il ne s'en enueloppent point, mais ils la portent sur vn bras, & sous l'autre, ou bien estendue sur leur dos, retenue par deux petites cordes de peaux, qu'ils lient dessus leur poictrine; ce qui n'empesche pas qu'ils ne paroissent quasi tous nuds. Quand il fait froid, ils la passent tous, hommes & femmes, sous vn bras & dessus l'epaule de l'autre, puis la croisent & s'en enueloppent assez commodémét contre le froid, mais maussadement; car s'estans liez sous la poictrine, ils la retroussent, puis ils se lient & se garrottét vers la ceinture, ou vers le milieu du corps, ce retroussement leur faisant vn gros ventre ou vne grosse pance, dans laquelle ils mettent leurs petites besongnes. I'ay veu representer vn Caresme prenant sur vn theatre en France, on luy bastit vn ventre iustement comme en portent nos Sauuages & Sauuagesses pendant l'Hiuer.

Or comme ces robbes ne couurent point leurs bras, ils se font des manches de mesme peaux, & tirent dessus ces rayes dõt i'ay parlé, quelquefois de lõg, quelquefois en rond: ces manches sont fort larges par haut, couurant les épaules, & se venans quasi ioindre derriere le dos, deux petites cordes les tiennent liées deuant & derriere, mais auec si peu de grace, qu'il n'y a fagot d'espine qui ne soit mieux troussé qu'vne femme emmitouflée dedans ces peaux. Remarquez qu'il n'y a point de distinction, de l'habit d'vn homme à celuy d'vne femme, sinon que la femme est tousiours couuerte de sa robbe, & les hommes la quittent ou la portent à la legere, quand il fait chaud comme i'ay dit.

Leurs bas de chausses sont de poil d'Orignac passée sans poil, c'est la nature & non l'art, qui en a trouué la façon, ils sont tout d'vne venuë, suffit que le pied & la iambe y passent, pour estre bien faits, ils n'ont point l'inuention d'y mettre des coins, ils sont faits comme des bas à botter, retenus sous le pied auec vne petite cordelette. La cousture qui n'est quasi qu'vn faux fil, ne se treuue pas derriere les iambes, mais entre-deux; les cousans, ils laissent passer vn rebord de la peau mesme, qu'ils découpent en frange, apres laquelle ils attachent par fois quelques matachias; ces bas sont assez longs, notamment pardeuant: car ils laissent vne piece qui passe bien haut, & qui couure vne grande partie de la cuisse, au plus haut de cette piece sont attachées de petites cordes, qu'ils lient à vne ceinture de peau, qu'ils portēt tous dessus leurs chairs.

Leurs souliers ne sont pas durs comme les nostres, aussi n'ont-ils pas l'industrie de taner le cuir; nos gands de cerf, sont d'vne peau plus ferme ou du moins aussi ferme que leurs peaux d'Orignac, dont ils font leurs souliers, encore faut ils qu'ils attendent que ces peaux ayent seruy de robbes, & qu'elles soient toutes grasses, autrement leurs souliers se retireroient à la moindre approche du feu, ce qu'ils ne laissent pas de faire tous gras qu'ils soient quãd on les chauffe vn peu de trop prés. Au reste, ils boiuent l'eau comme vne éponge, si biē que les Sauuages ne s'en seruēt pas contre cét Element, mais bien cōtre la neige & contre le froid. Ce sont les femmes qui sont cousturieres & cordonnieres, il ne leur coute rien pour apprendre, ce mestier, encore moins pour auoir des lettres de maistrise; vn enfant qui sçauroit vn peu coudre en feroit à la premiere veuë, tant il y a d'inuention.

Ils les font fort amples & fort capables, notamment l'Hiuer, pour les garnir contre le froid, ils se seruent ordinairement d'vne peau de Lieure, ou d'vne piece de quelque couuerture, pliée en deux & trois doubles. Ils mettent auec cela du poil d'Orignac, & puis ayans enueloppé leurs pieds de ces haillons, ils chauffent leurs souliers, & par fois deux paires l'vne dessus l'autre, ils les lient & les arrestent sur le coudepié, auec vne petite corde, qui regne tout à l'entour des coins du Soulier. Pendant les neiges nous nous seruons tous, François & Sauuages de cette sorte de chauffure, afin de pouuoir marcher sur des Raquettes; l'Hiuer passé nous reprenons nos souliers François, & eux vont pieds nuds.

Voila non pas tout ce qui se peut dire de leurs habits & de leurs ornements, mais ce que i'en ay veu, & qui me vient pour l'heure en la pensée; i'oubliois à dire, que ceux qui peuuent auoir ou troquer des chemises de nos François, s'en seruent à la nouuelle façon: car au lieu de les mettre comme nous par deſſous, ils les mettent par deſſus tous leurs habits, & comme iamais ils ne les eſſuyent, elles ſont en moins de rien graſſes comme des torchons de cuiſine, c'eſt ce qu'ils demandent, car l'eau, diſent ils, coule là deſſus, & ne penetre pas iuſqu'à leurs robbes.

De la langue des Sauuages Montagnais.

CHAPITRE XI.

I'Eſcriuy l'an paſſé, que leur langue eſtoit tres-riche & tres pauure; toute pleine d'abondance & de diſette; la pauureté paroiſt en mille articles. Tous les mots de pieté, de deuotion, de vertu; tous les termes dont on ſe ſert pour expliquer les biens de l'autre; le langage des Theologiens, des Philoſophes, des Mathematiciens, des Medecins, en vn mot de tous les hommes doctes; toutes les paroles qui concernent la police & le gouuernement d'vne ville, d'vne Prouince, d'vn Empire; tout ce qui touche la iuſtice, la recompenſe & le chaſtimẽt, les noms d'vne infinité d'arts, qui ſont en noſtre Europe, d'vne infinité de fleurs d'arbres & de fruits, d'vne infinité d'animaux de mille & mille inuentions, de mille beautez & de mille richesses; tout cela ne se trouue point ny dãs la pensée, ny dans la bouche des Sauuages, n'ayans ny vraye religion ny connoissance des vertus, ny police, ny gouuernement, ny Royaume, ny Republique, ny sciences, ny rien de tout ce que ie viens de dire, & par consequent, toutes les paroles, tous les termes, tous les mots & tous les noms qui touche ce monde de biens & de grandeurs, doiuent estre defalquez de leur dictionaire ; voila vne grande disette. Tournons maintenant la medaille, & faisons voir que cette langue regorge de richesses.

Premierement, ie trouue vne infinité de noms propres parmy eux, que ie ne puis expliquer en nostre françois, que par circumlocutions.

Secondement, ils ont de Verbes que ie nomme absolus, dont ny les Grecs, ny les Latins, ny nous, ny les langues d'Europe, dont ie ne me suis enquis, n'ont riẽ de semblable, par exemple ce Verbe *Nimitison*, signifie absolument ie mange, sans dire quoy, car si vous determinez, la chose que vous mangez, il se faut seruir d'vn autre Verbe.

Tiercement, ils ont des Verbes differents, pour signifier l'action enuers vne chose animée, & enuers vne chose inanimée, encore bien qu'ils conjoignent auec les choses animées, quelques nombres des choses sans ame, cōme le petun, les pommes, &c. donnons des exemples. Ie vois vn homme, *Niouapaman iriniou*, ie vois vne pierre, *niouahaté*, ainsi en Grec, en Latin, & en François, c'est vn mesme Verbe, pour dire ie vois vn homme, vne pierre, & toute autre chose. Ie frappe vn chiē *ni noutinau attimou*, ie frappe vn bois, *ninoutinen misticcu*. Ce n'est pas tout: car si l'actiō se termine à plusieurs choses animées, il faut vn autre Verbe, ie vois des hōmes *niouapamaoueth irinioueth, ninoutinaōueth attimoueth*, & ainsi de tous les autres.

En quatriéme lieu, ils ont des Verbes propres pour signifier l'action qui se termine à la personne reciproque, & d'autres encore qui se terminent aux choses qui luy appartiennent, & l'on ne pût se seruir des Verbes enuers les autres personnes non reciproques sans parler improprement. Ie me fais entēdre le Verbe *Nitaouin*

en l'année 1634. 177
esitaouin, signifie, ie me sers de quelque chose, nitaouin agounifcouefon, ie me sers d'vn bonnet: que si ie viens à dire, ie me sers de son bonnet, sçauoir est du bonnet de l'homme, dont on parle, il faut changer de verbe, & dire Nitaouiouan outagoumiscoudhon: que si c'est vne chose animée il faut encor changer le verbe, par exemple, ie me sers de son chien, nitaouiduan ō taimai, & remarquez que tous ces verbes ont leurs meufs, leurs temps, & leurs personnes, & que leurs conjugaisons sont dissemblables s'ils different de terminaisons. Ceste abondance n'est point dās les langues d'Europe, ie le sçay de quelques vnes, ie le coniecture des autres.

6. En cinquiesme lieu, ils se seruent d'autres mots sur la terre, d'autres mots sur l'eau pour signifier la mesme chose. Voicy comment, Ie veux dire, i'arriuay hier, si c'est par terre, il faut dire nitagochinin outagouchi, si c'est par eau, il faut dire nimichagan outagouchi : ie veux dire, i'ay esté mouillé de la pluye, si ç'a esté cheminant sur terre, il faut dire nikimiouanoutan, si c'est faisant chemin, par eau nikimiouahen, ie vay querir

M

quelque chofe, fi c'eſt par terre, il faut dire *ninaten*, fi c'eſt par eau *ninahen*: fi c'eſt vne chofe animée & par terre, il faut dire *ninatau*: fi c'eſt vne chofe animée & par eau, il faut dire *ninahouau*: fi c'eſt vne chofe animée qui appartinne à quelqu'vn, il faut dire *ninahimouau*: fi elle n'eſt pas animée *niuahimouau*, quelle varieté? nous n'auons en François pour tout cela qu'vn feul mot, ie vay querir, auquel on adioufte pour diſtinction par eau, ou par terre.

En fixiefme lieu, vn feul de nos adiectifs en François fe conioint auec tous nos fubftantifs, par exemple, nous difons le pain eſt froid, le petun eſt froid, ce fer eſt froid ; mais en noftre Sauuage ces adiectifs changent felon les diuerfes efpeces des fubftantifs, *tabiſcau aſsini*, la pierre eſt froide, *tacabiſiſiou nouspouagan*, mon petunoir eſt froid, *takhiſiou khichtemau*, ce petun eſt froid, *tacaſcouan miſticou*, le bois eſt froid, fi c'eſt quelque grande piece *tacaſcouchan miſticou*, le bois eſt froid, *fiicatchiou attimou*, ce chien a froid ; voila vne eſtrange abondance.

Remarquez en paſſant, que tous ces

adiectifs, voire mesme que tous les noms substantifs se conjuguent comme les verbes Latins impersonnels, par exemple, *tabiscau asini*, la pierre est froide, *tabiscaban*, elle estoit froide, *cata tabiscan*, elle sera froide, & ainsi du reste *Noutaoui*, c'est vn nom substantif, qui signifie mon pere, *noutauuiban*, c'estoit mon pere, ou bien deffunct mon pere, *Cata noutaoui*, il sera mon pere, si on pouuoit se seruir de ces termes.

En septiesme lieu, ils ont vne richesse si importune qu'elle me iette quasi dans la creance que ie seray pauure toute ma vie en leur langue. Quand vous cognoissez toutes les parties d'Oraison des langues qui florissent en nostre Europe, & que vous sçauez comme il les faut lier ensemble, vous sçauez la langue, il n'en est pas de mesme en la langue de nos Sauuages, peuplez vostre memoire de tous les mots qui signifient chaque chose en particulier, apprenez le nœud ou la Syntaxe qui les allie, vous n'estes encor qu'vn ignorant, vous pourrez bien auec cela vous faire entendre des Sauuages, quoy que non pas tousiours, mais vous ne les entendez pas : la raison est, qu'outre les noms de chaque chose en particulier ils ont vne infinité de mots qui signifient plusieurs choses ensemble : si ie veux dire en François le vent pousse la neige, suffit que i'aye cognoissance de ces trois mots, du vent, du verbe, ie pousse, & de la neige, & que ie les sçache conioindre, il n'en est pas de mesme icy. Ie sçay comme on dit le vent routin, comme on dit il pousse vne chose noble comme est la neige en l'estime des Sauuages, c'est yaκhineou, ie sçay comme on dit la neige, c'est couné, que si ie veux conioindre ces trois mots Routin raκhineou couné, les Sauuages ne m'entendront pas, que s'ils m'entendent ils se mettront à rire, pource qu'ils ne parlent pas comme cela, se seruans de ce seul mot piouan, pour dire le vent pousse ou fait voler la neige : de mesme le verbe nisiicatchin signifie i'ay froid, ce nom nissitai signifie mes pieds, si ie dis niscicatchin nissitai pour dire i'ay froid aux pieds, ils pourront bien m'entendre, mais ie ne les entédray pas quád ils dirõt Nitatagouasisin, qui est le propre mot pour dire i'ay froid aux pieds : & ce qui tuë vne memoire, ce mot n'eſt parent, ny allié, ny n'a point d'affinité en ſa conſonance auec les deux autres, d'où prouiët que ie les fais ſouuët rire en parlant, en voulant ſuiure l'œconomie de la langue Latine, ou Françoiſe, ne ſçachant point ces mots qui ſignifient pluſieurs choſes enſemble ? D'icy prouient encore, que bien ſouuent ie ne les entends pas, quoy qu'ils m'entendent : car ne ſe ſeruans pas des mots qui ſignifient vne choſe ſimple en particulier, mais de ceux qui en ſignifient beaucoup à la fois, moy ne ſçachant que ces premiers, & non encor à demy, ie ne les ſçaurois entendre s'ils n'ont de l'eſprit pour varier & choiſir les mots plus communs, car alors ie taſche de m'en demeſler.

10. C'eſt aſſez pour monſtrer l'abondance de leur langue, ſi ie la ſçauois parfaitement i'en parlerois auec plus d'aſſeurance ; ie croy qu'ils ont d'autres richeſſes que ie n'ay peu encor découurir iuſques icy.

11. I'oubliois à dire que nos Montagnars n'ont pas tant de lettres en leur Alphabeth, que nous en auons au noſtre, ils confondent le B. & le P. ils con-

fondent aussi le C. le G. & le K. c'est à dire que deux Sauuages prononçans vn mesme mot, vous croiriez que l'vn prouonce vn B. & que l'autre prononce vn P. que l'vn dit vn C. ou vn K. & l'autre vn G. ils n'ont point les lettres F, L, V, consonante X. Z. ils prononcent vn R. au lieu d'vn L. ils diront Monsieur du Pressi pour Monsieur du Plessi, ils prononcent vn P. au lieu d'vn V. consonante, Monsieur Olipier pour Monsieur Oliuier; mais comme ils ont la langue assez bien penduë, ils prendroient bientost nostre prononciation si on les instruisoit, notamment les enfans.

Le P. Brebeuf m'a dit que les Hurons n'ont point de M. dequoy ie m'estonne: car ceste lettre me semble quasi naturelle, tant l'vsage en est grand.

Que si pour conclusion de ce Chapitre V. R. me demande si i'ay beaucoup auancé dans la cognoissance de ceste langue pendant mon hyuernement auec ces Barbares, ie luy diray ingenuëment que non : en voicy les raisons.

Premierement, le deffaut de ma memoire qui ne fut iamais bien excellente, & qui se va deseichant tous les iours. O l'excellent homme pour ces pays icy que le Pere Brebeuf, sa memoire tres-heureuse, sa douceur tres-aymable, feront de grands fruicts dedans les Hurons.

Secondement, la malice du sorcier qui defendoit par fois qu'on m'enseignast.

Tiercement, la perfidie de l'Apostat, qui contre sa promesse, & nonobstant les offres que ie luy faisois, ne m'a iamais voulu enseigner, voire sa déloyauté est venuë iusques à ce point de me donner exprez vn mot d'vne signification pour vn autre.

En quatriesme lieu, la famine a esté long temps nostre hostesse, ie n'osois quasi en sa presence interroger nos Sauuages, leur estomach n'est pas de la nature des tonneaux qui resonnét d'autant mieux qu'ils sont vuides, il ressemble au tambour, plus il est bandé mieux il parle.

En cinquiesme lieu, mes maladies m'ont fait quitter le soing des langues de la terre pour penser au langage de l'autre vie où ie pensois aller.

M iiij

19. En sixiesme lieu, enfin la difficulté de ceste langue qui n'est pas petite, comme on peut coniecturer de ce que i'ay dit, n'a pas esté vn petit obstacle pour empescher vne pauure memoire comme la mienne d'aller bien loing. Ie iargonne neantmoins, & à force de crier ie me fais entendre.

Vn point me toucheroit viuement, n'estoit que i'estime qu'il ne faut pas marcher deuant Dieu, mais qu'il faut le suiure, & se contenter de sa propre bassesse ; c'est que ie ne croy quasi pas pouuoir iamais parler les langues des Sauuages auec autant de liberté qu'il seroit necessaire pour leur prescher, & répondre sur le champ sans broncher, à leurs demandes & à leurs obiections, estant notamment occupé comme i'ay esté iusques à present. Vray que Dieu peut faire d'vne roche vn enfant d'Abraham. Qu'il soit beny à iamais par toutes les langues des nations de la terre.

Chapitre XII.

De ce qu'il faut souffrir hyuernant auec les Sauuages.

1. Epictete dit que celuy qui veut aller aux bains publics, se doit au prealable figurer toutes les insolences qui s'y commettent, afin que se trouuant engagé dans la risée d'vn tas de canailles, qui luy laueront mieux la teste que les pieds, il ne perde rien de la grauité & de la modestie d'vn homme sage. Ie dirois volontiers le mesme à qui Dieu donne les pensées, & les desirs de passer les mers, pour venir chercher & instruire les Sauuages : c'est en leur faueur que ie coucheray ce Chapitre, afin qu'ayant cogneu l'ennemy qu'ils auront en teste, ils ne s'oublient pas de se munir des armes necessaires pour le combat, notamment d'vn patience de fer ou de bronze, ou plustost d'vne patience toute d'or, pour supporter fortement & amoureusement les grands trauaux qu'il faut souffrir parmy ces peuples. Com-

mençons par la maison qu'ils doiuent habiter s'il les veulent suiure.

Pour conceuoir la beauté de cest edifice, il en faut décrire la structure; i'en parleray auec science : car i'ay souuent aydé à la dresser. Estans donc arriuez au lieu où nous deuions camper, les femmes armées de haches s'en alloient çà & là dans ces grandes forests coupper du bois pour la charpente de l'hostellerie où nous voulions loger, ce pendant les hommes en ayans designé le plan, vuidoient la neige auec leurs raquilles, ou auec des pelles qu'ils font & portent exprez pour ce sujet : figurez vous donc vn grand rond, ou vn quarré dans la neige, haute de deux, de trois, ou de quatre pieds, selon les temps, ou les lieux où on cabane ; ceste profondeur nous faisoit vne muraille blanche, qui nous enuironnoit de tous costez, excepté par l'endroit où on la fendoit pour faire la porte : la charpente apportée, qui consiste en quelque vingt ou trente perches, plus ou moins, selon la grandeur de la cabane, on la plante, non sur la terre, mais sur le haut de la neige, puis on iette sur ces perches qui s'approchent vn petit par en haut, deux ou trois rouleaux d'écorces cousuës enfemble, commençant par le bas, & voila la maifon faite, on couure la terre, comme auffi cefte muraille de neige qui regne tout à l'entour de la cabane, de petites branches de pin, & pour derniere perfection, on attache vne méchante peau à deux perches pour feruir de porte, dont les iambages font la neige mefme. Voyons maintenant en détail toutes les commoditez de ce beau Louure.

Vous ne fçauriez demeurer de bout dans cefte maifon, tant pour fa baffeffe, que pour la fumée qui fuffoqueroit, & par confequent il faut eftre toufiours couché ou affis fur la platte terre, c'eft la pofture ordinaire des Sauuages: de fortir de hors, le froid, la neige, le danger de s'égarer dans ces grãds bois, vous font rentrer plus vite que le vent, & vous tiennent en prifon dans vn cachot, qui n'a ny clef ny ferrure.

Ce cachot, outre la pofture facheufe qu'il y faut tenir fur vn lict de terre, a quatre grandes incommoditez, le froid, le chaud, la fumée & les chiens:

Pour le froid vous auez la teste à la neige, il n'y a qu'vne branche de pin entre deux, bien souuent rien que vostre bonnet, les vents ont liberté d'entrer par mille endroicts : car ne vous figurez pas que ces écorces soient iointes comme vn papier colé sur vn chassis, elles ressemblent bien souuent l'herbe à mille pertuis, sinon que leurs trous & leurs ouuertures sont vn peu plus grandes, & quand il n'y auroit que l'ouuerture d'en haut, qui sert de fenestre & de cheminée tout ensemble, le plus gros hyuer de France y pourroit tous les iours passer tout entier sans empressement. La nuict estant couché ie contemplois par ceste ouuerture & les Estoilles & la Lune, autant à découuert que si i'eusse esté en pleine campagne.

5. Or cependant le froid ne m'a pas tant tourmenté que la chaleur du feu, vn petit lieu, comme sont leurs cabanes, s'échauffe aisément par vn bon feu, qui me rotissoit par fois & me grilloit de tous costez, à raison que la cabane estant trop estroitre, ie ne sçauois comment me deffendre de son ardeur, d'aller à droite ou a gauche, vous ne sçau-

riez : car les Sauuages qui vous sont voisins occupent vos costez, de reculer en arriere, vous rencontrez ceste muraille de neige, ou les écorces de la cabane qui vous bornent, ie ne sçauois en quelle posture me mettre, de m'estendre, la place estoit si estroite que mes iambes eussent esté à moitié dans le feu; de me tenir en ploton, & tousiours racourcy cõme ils font, ie ne pouuois pas si long temps qu'eux : mes habits ont esté tout rostis & tout bruslez. Vous me demanderez peut estre si la neige que nous auions au dos ne se fondoit point quand on faisoit bon feu : ie dis que non, que si par fois la chaleur l'amolissoit tant soit peu, le froid la durcissoit en glace. Or ie diray neantmoins que le froid ny le chaud n'ont rien de tolerable, & qu'on trouue quelque remede à ces deux maux.

6. Mais pour la fumée, ie vous confesse que c'est vn martyre, elle me tuoit, & me faisoit pleurer incessamment sans que i'eusse ny douleur ny tristesse dans le cœur, elle nous terrassoit par fois tous tant que nous estions dans la cabane, c'est à dire qu'il falloit mettre la

bouche contre terre pour pouuoir respirer: car encor que les Sauuages soient accoustumez à ce tourment, si est-ce que par fois il redoubloit auec telle violence, qu'ils estoient contraincts aussi bien que moy de se coucher sur le ventre, & de manger quasi la terre pour ne point boire la fumée : i'ay quelque fois demeuré plusieurs heures en ceste situation, notamment dans les plus grands froids, & lors qu'il neigeoit: car c'estoit en ces temps là que la fumée nous assailloit auec plus de fureur, nous saisissant à la gorge, aux naseaux, & aux yeux : que ce breuuage est amer! que ceste odeur est forte! que ceste vapeur est nuisible à la veuë! i'ay creu plusieurs fois que ie m'en allois estre aueugle, les yeux me cuisoient comme feu, ils me pleuroient ou distilloient comme vn alambique, ie ne voyois plus rien que confusément, à la façon de ce bon homme, qui disoit, *video homines velut arbores ambulantes*. Ie disois les Pseaumes de mon Breuiaire comme ie pouuois, les sçachans à demy par cœur, i'attendois que la douleur me donnast vn peu de relasche pour reciter les leçons, & quád ie venois à les lire elles me sembloient écrites en lettres de feu, ou d'écarlatte, i'ay souuent fermé mon liure n'y voyant rien que confusion qui me blessoit la veüe.

Quelqu'vn me dira que ie deuois sortir de ce trou enfumé, & prendre l'air, & ie luy répondray, que l'air estoit ordinairement en ce temps-là si froid, que les arbres qui ont la peau plus dure que celle de l'homme, & le corps plus solide, ne luy pouuoient resister, se fendans iusques au cœur, faisans vn bruit comme d'vn mousquet en s'éclatans : ie sortois neantmoins quelque fois de ceste taniere, fuyant la rage de la fumée pour me mettre à la mercy du froid, contre lequel ie tâschois de m'armer, m'enueloppant de ma couuerture comme vn Irlandois, & en cet equipage assis sur la neige, ou sur quelque arbre abbatu, ie recitois mes Heures : le mal estoit que la neige n'auoit pas plus de pitié de mes yeux que la fumée.

Pour les chiens que i'ay dit estre l'vne des incommoditez des maisons des Sauuages, ie ne sçay si ie les dois blasmer : car ils m'ont rendu par fois de bons seruices, vray qu'ils tiroient de moy la mesme courtoisie qu'ils me prestoient, si bien que nous nous entr'aydions les vns les autres, faisans l'emblesme de *mutuam auxilium*, ces pauures bestes ne pouuans subsister à l'air, hors la cabane se venoient coucher tantost sur mes épaules, tantost sur mes pieds, & comme ie n'auois qu'vne simple castalogne pour me seruir de mattelas & de couuerture tout ensemble, ie n'estois pas marry de cet abry, leurs rendans volontiers vne partie de la chaleur que ie tirois d'eux : il est vray que comme ils estoient grands & en grand nombre, ils me pressoient par fois & m'importunoient si fort, qu'en me donnant vn peu de chaleur, ils me déroboient tout mon sommeil, cela estoit cause que bien souuant ie les chassois, en quoy il m'arriua certaine nuict vn traict de confusion & de risée : car vn Sauuage s'estant ietté sur moy en dormant, moy croyant que ce fust vn chien, rencontrant en main vn baston, ie le frappe m'écriant, Aché, Aché, qui sont les mots dont ils se seruent pour chasser les chiens, mon homme s'éueille bien estonné pensant que

tout

tout fut perdu; mais s'estant pris garde d'où venoient les coups: tu n'as point d'esprit, me dit-il, ce n'est pas vn chien, c'est moy: à ces paroles ie ne sçay qui resta le plus estonné de nous deux, ie quittay doucement mon baston, bien marry de l'auoir trouué si pres de moy.

Retournons à nos chiens, ces animaux estans affamez, d'autant qu'ils n'auoient pas de quoy mãger non plus que nous, ne faisoient qu'aller & venir, roder par tout dans la cabane: or comme on est souuét couché aussi bien qu'assis dans ces maisons d'écorce, ils nous passoient souuent & sur la face & sur le ventre, & si souuent, & auec telle importunité, qu'estant las de crier & de les chasser, ie me couurois quelque fois la face, puis ie leur donnois liberté de passer par où ils voudroient: s'il arriuoit qu'on leur iettast vn os, aussi tost s'estoit de courre apres à qui l'auroit, culbutans tous ceux qu'ils rencontroient assis, s'ils ne se tenoient bien fermes; ils m'ont par fois renuersé & mon écuelle d'écorce, & tout ce qui estoit dedans sur ma sotane. Ie soufriois quand il y suruenoit quelque querelle parmy-eux lors que

N

nous difnions : car il n'y auoit celuy qui ne tint fon plat à deux belles mains contre lá terre, qui feruoit de table, de fiege & de lict, & aux hommes & aux chiens : c'eft de là que prouenoit la grãde incommodité que nous receuions de ces animaux, qui portoient le nez dans nos écuelles pluftoft que nous n'y portions la main. C'eft affez dit des incommoditez des maifons des Sauuages, parlons de leurs viures.

Au commencement que ie fus auec eux, comme ils ne falent ny leurs boüillons ny leurs viandes, & que la faleté mefme fait leur cuifine, ie ne pouuois manger de leur falmigondies, ie me contentois d'vn peu de galette & d'vn peu d'anguille bouccanée, iufques là que mon hofte me tançoit de ce que ie mangeois fi peu, ie m'affamay deuant que la famine nous acceüillift, cependant nos Sauuages faifoient tous les iours des feftins, en forte que nous nous vifmes en peu de temps fans pain, fans farine, & fans anguilles, & fans aucun moyen d'eftre fecourus : car outre que nous eftions fort auant dans les bois, & que nous fuffions morts mille fois deuant que d'arriuer aux demeures des François, nous hyuernions de là le grād fleuue qu'on ne peut trauerser en ce temps là pour le grand nombre de glaces qu'il charie incessamment, & qui mettroient en pieces non seulement vne chalouppe, mais vn grand vaisseau, pour la chasse; comme les neiges n'estoient pas profondes à proportion des autres années, ils ne pouuoiēt pas prendre l'Elan, si bien qu'ils n'apportoient que quelques Castors, & quelques Porcs epics, mais en si petit nombre, & si peu souuent, que cela seruoit plustost pour ne point mourir que pour viure. Mon hoste me disoit dans ces grandes disettes, *Chibiné* aye l'ame dure resiste à la faim, tu seras par fois deux iours, quelque fois trois ou quatre sans manger, ne te laisse point abbattre, préd courage, quand la neige sera venuë nous mangerons : nostre Seigneur n'a pas voulu qu'ils fussent si long temps sans rien prendre ; mais pour l'ordinaire nous mangions vne fois en deux iours, voire assez souuent ayans mangé vn Castor le matin, le lendemain au soir nous mangions vn Porc-epic gros comme vn Cochon de laict : c'estoit peu à dix-neuf personnes que nous estions, il est vray; mais ce peu suffisoit pour ne point mourir. Quand ie pouuois auoir vne peau d'Anguille pour ma iournée sur la fin de nos viures, ie me tenois pour bien déieuné, bien disné, & bien soupé.

Au commencement ie m'estois seruy d'vne de ces peaux pour refaire vne sotane de toille que i'auois sur moy, ayāt oublié de porter des pieces, mais voyāt que la faim me pressoit si fort, ie mangeay mes pieces, & si ma sotane eust esté de mesme estoffe, ie vous répond que ie l'eusse rapportée bien courte en la maison : ie mangeois bien les vieilles peaux d'Orignac, qui sont bien plus dures que les peaux d'Anguilles, i'allois dans les bois brouter le bout des arbres & ronger les écorces plus tendres, comme ie remarqueray dans le iournal. Les Sauuages qui nous estoient voisins, souffroient encore plus que nous, quelques-vns nous venans voir, nous disoient que leurs camarades estoient morts de faim, i'en vy qui n'auoient mangé qu'vne fois en cinq iours, & qui se tenoient bien heureux quand ils trouuoient de quoy difner au bout de deux, ils eftoient faits comme des fquelets, n'ayans plus que la peau fur les os, nous faifions par fois de bons repas; mais pour vn bon difner, nous nous paffions trois fois de fouper. Vn ieune Sauuage de noftre cabane, mourant de faim, comme ie diray au Chapitre fuiuant, ils me demandoient fouuent fi ie ne craignois point, fi ie n'auois point peur de la mort, & voyans que ie me monftrois affez affeuré ils s'en eftonnoient, notamment en certain temps que ie les vis quafi tomber dans le defefpoir. Quand ils viennent iufques-là, ils iouent pour ainfi dire à fauue qui peut, ils iettent leurs écorces, & leur bagage, ils s'abandonnent les vns les autres, & perdans le foin du public, c'eft à qui trouuera de quoy viure pour foy; alors les enfans, les femmes, en vn mot ceux qui ne fçauroient chaffer meurent de froid & de faim, s'ils en fuffent venus à cefte extremité ie ferois mort des premiers.

Voila ce qu'il faut preuoir auant que de fe mettre à leur fuitte: car encor qu'ils ne foient pas tous les ans preffez de cefte famine, ils en écourent tous les ans les dangers puis qu'ils n'ont point à manger, ou fort peu, s'il n'y a beaucoup de neige & beaucoup d'Orignaux, ce qui n'arriue pas toufiours.

Que fi vous me demandez maintenant quels eſtoient mes ſentimens dans les afres de la mort, & d'vne mort ſi langoureuſe comme eſt celle qui prouient de la famine, ie vous diray que i'ay de la peine à répondre; neantmoins afin que ceux qui liront ce Chapitre, n'apprehendent point de nous venir ſecourir, ie puis aſſeurer auec verité que ce temps de famine m'a eſté vn temps d'abondance. Ayant recogneu que nous commencions à floter entre l'eſperance de la vie & la crainte de la mort, ie fis mon conte que Dieu m'auoit condamné à mourir de faim pour mes pechez, & baiſant mille fois la main qui auoit minuté ma ſentence, i'en attendois l'execution auec vne paix & vne ioye qu'on peut bien ſentir, mais qu'on ne peut décrire : ie confeſſe qu'on ſouffre, & qu'il ſe faut reſoudre à la Croix : mais Dieu fait gloire d'ayder vne ame quand elle n'eſt plus ſecouruë des creatures. Pourſuiuons noſtre chemin.

Apres ceste famine nous eusmes quelques bons iours, la neige qui n'estoit que trop haute pour auoir froid, mais trop basse pour prendre l'Orignac, s'estant grandement accreuë sur la fin de Ianuier, nos Chasseurs prirent quelques Orignaux, dont ils firent seicherie: or soit que mon intemperance, ou que ce boucan dur comme du bois, & sale comme les ruës fut contraire à mon estomach, ie tombay malade au beau commencement de Feurier, me voila donc contraint de demeurer tousiours couché sur la terre froide, ce n'estoit pas pour me guerir des tranchées fort sensibles qui me tourmentoient, & qui me contraignoient de sortir à toute heure iour & nuict, m'engageant à chaque sortie dedans les neiges iusques aux genoux, & parfois quasi iusques à la ceinture, notamment au commencement que nous nous estions cabanez en quelque endroit, ces douleurs sensibles me durerent enuiron huict ou dix iours, comme aussi vn grand mal d'estomach, & vne foiblesse de cœur qui se répandoit par tout le corps, ie guary de ceste maladie, non pas tout à fait: car ie ne fis que traifner iufques à la my-Carefme que le mal me reprit. Ie dis cecy pour faire voir le peu de fecours qu'on doit attendre des Sauuages quand on eft malade : eftant vn iour preffé de la foif ie demanday vn peu d'eau, on me répondit qu'il n'y en auoit point & qu'on me donneroit de la neige fonduë fi i'en voulois: comme ce breuuage eftoit contraire à mon mal, ie fis entendre à mon hofte que i'auois veu vn lac nõ pas loing de là, & que i'en euffe bien voulu auoir vn peu d'eau, il fit la fourde oreille à caufe que le chemin eftoit vn peu fafcheux, fi bien que non feulement cefte fois; mais encore en tous les endroits que quelque fleuue ou quelque ruiffeau eftoit vn peu trop efloigné de noftre cabane, il falloit boire de cefte neige fonduë dans vne chaudiere, dont le cuiure eftoit moins épais que la faleté: qui voudra fçauoir l'amertume de ce breuuage qu'il le tire d'vn vaiffeau fortant de la fumée & qu'il en goufte.

Quant à la nourriture, ils partagent le malade comme les autres; s'ils prennent de la chair frefche, ils luy en donnent fa part s'il en veut, s'il ne la mange, pour lors on ne se met pas en peine de luy en garder vn petit morceau quand il voudra manger, on luy donnera de ce qu'il y aura pour lors en la cabane, c'est à dire du boucan & non pas du meilleur: car ils le reseruent pour les festins, si bien qu'vn pauure malade est contraint bien souuent de manger parmy eux, ce qui luy feroit horreur dans la santé mesme s'il estoit auec nos François. Vne ame bien alterée de la soif du Fils de Dieu, ie veux dire des souffrances, trouueroit icy dequoy se rassasier.

Il me reste encore à parler de leur conuersation, pour faire entierement cognoistre ce qu'on peut souffrir auec ce peuple. Ie m'estois mis en la compagnie de mon hoste & du Renegat, à condition que nous n'hyuernerios point auec le Sorcier, que ie cognoissois pour tres-meschant homme, ils m'auoient accordé ces conditions, mais ils furent infidelles, ne gardans ny l'vne ny l'autre: ils m'engagerent donc auec ce pretendu Magicien, comme ie diray cy apres; or ce miserable homme, & la fumée m'ont esté les deux plus grands tourmens que i'aye enduré parmy ces Barbares : ny le froid, ny le chaud, ny l'incommodité des chiens, ny coucher à l'air, ny dormir fur vn lict de terre, ny la pofture qu'il faut toufiours tenir dans leurs cabanes, fe ramaffans en peloton, ou fe couchans, ou s'affeans fans fiege & fans mattelas, ny la faim, ny la foif, ny la pauureté & faleté de leur boucan, ny la maladie, tout cela ne m'a femblé que ieu à comparaifon de la fumée & de la malice du Sorcier, auec lequel i'ay toufiours efté en tres mauuaife intelligence pour les raifons fuiuantes.

Premierement, pource que m'ayant inuité d'hyuerner auec luy, ie l'auois éconduy, dequoy il fe reffentoit fort, voyant que ie faifois plus d'eftat de mon hofte, fon cadet, que de luy.

Secondement, pource que ie ne pouuois affouuir fa côuoitife, ie n'auois rien qu'il ne me demandaft, il m'a fait fort fouuent quitter mon manteau de deffus mes efpaules pour s'en couurir : or ne pouuant pas fatisfaire à toutes fes demandes, il me voyoit de mauuais œil, voire mefme quand ie luy euffe donné tout le peu que i'auois, ie n'euffe peu gagner son amitié: car nous auions bien d'autres sujets de diuorce.

En troisiesme lieu, voyant qu'il faisoit du Prophete, amusant ce peuple par mille sottises qu'il inuente à mon aduis tous les iours, ie ne laissois perdre aucune occasion de le conuaincre de niaiserie & de puerilité, mettant au iour l'impertinence de ses superstitions: or c'estoit luy arracher l'ame du corps par violence: car comme il ne sçauroit plus chasser, il fait plus que iamais du Prophete & du Magicien pour conseruer son credit, & pour auoir les bons morceaux, si bien qu'esbranlant son authorité qui se va perdant tous les iours, ie le touchois à la prunelle de l'œil, & luy rauissois les delices de son Paradis, qui sont les plaisirs de la gueule.

En quatriesme lieu, se voulant recrer à mes dépens, il me faisoit par fois escrire en sa langue des choses sales, m'assurant qu'il n'y auoit rien de mauuais, puis il me faisoit prononcer ces impudences, que ie n'entendois pas deuant les Sauuages: quelques femmes m'ayans aduerty de ceste malice, ie luy dis que ie ne salirois plus mon papier ny ma bouche, de ces vilaines paroles, il ne laissa pas de me commander de lire en la presence de toute la cabane, & de quelques Sauuages qui estoient suruenus, quelque chose qu'il m'auoit dicté, ie luy respondis que l'Apostat m'en donnat l'interpretation, & puis que ie lirois, ce Renegat refusant de le faire, ie refusay aussi de lire, le Sorcier me le commande auec empire, c'est à dire auec de grosses paroles, ie le prie au commencement auec grande douceur de m'en dispenser: mais comme il ne vouloit pas estre éconduit deuant les Sauuages, il me presse fort & me fait presser par mon hoste qui fit du fasché : enfin recognoissant que mes excuses n'auoiét plus de lieu, ie luy parle d'vn accent fort haut, & apres luy auoir reproché ses lubricitez, ie luy addresse ces paroles, Me voicy en ton pouuoir, tu me peux massacrer, mais tu ne sçaurois me contraindre de proferer des paroles impudiques: elles ne sont pas telles, me dit-il, Pourquoy donc, luy dis-je, ne m'en veut-on pas donner l'interpretation? il sortit de ceste meslée fort vlceré.

En cinquiesme lieu, voyant que mon

hoste m'aymoit, il eut peur que cet amour ne le priuast de quelque friand morceau, ie taschay de luy oster ceste apprehension, témoignant publiquement que ie ne viuois pas pour manger, mais que ie mangeois pour viure, & qu'il importoit peu quoy qu'on me donnast, pourueu que i'en eusse assez pour ne point mourir: il me repartit nettement, qu'il n'estoit pas de mon aduis, mais qu'il faisoit profession d'estre friand, d'aymer les bons morceaux, & qu'on l'obligeoit fort quand on luy en presentoit: or iaçoit que mon hoste ne luy donnast aucun sujet de craindre en cet endroit, si est-ce qu'il m'attaquoit quasi en tous les repas, comme s'il eut eu peur de perdre la preseance, ceste apprehension augmentoit sa haine.

En sixiesme lieu, comme il voyoit que les Sauuages des autres cabanes me portoient quelque respect, cognoissant d'ailleurs que i'estois grand ennemy de ses impostures, & que si i'entrois dans l'esprit de ses oüailles, que ie le perdrois de fond en comble, il faisoit son possible pour me détruire, & pour me rendre ridicule en la creance de son peuple.

En septiesme lieu, adioustez à tout cecy l'auersion que luy & tous les Sauuages de Tadoussac ont eu iusques icy des François depuis le commerce des Anglois, & coniecturez quel traictement ie peux auoir receu de ces Barbares, qui adorent ce miserable Sorcier, contre lequel le plus souuent i'auois guerre declarée. I'ay creu cent fois que ie ne sortirois iamais de ceste meslée que par les portes de la mort. Il m'a traité fort indignement, il est vray, mais ie m'estonne qu'il n'a pis fait, veu qu'il est idolatre de ces superstitiōs, que ie combattois de toutes mes forces. De raconter par le menu toutes ses attaques, ses risées, ses gausseries, ses mépris, ie ferois vn Liure pour vn Chapitre, suffit de dire qu'il s'attaquoit mesme par fois à Dieu pour me déplaire, & qu'il s'efforçoit de me rendre la risée des petits & des grands, me décriant dans les autres cabanes aussi bien que dans la nostre, il n'eut neantmoins iamais le credit d'animer contre moy les Sauuages nos voisins, ils baissoient la teste quand ils entendoient les benedictiōs qu'il me donnoit. Pour les domestiques incitez par son exemple, & appuyez de son authorité, ils me chargoient incessamment de mille brocards, & de mille injures, ie me suis veu en tel estat, que pour ne les aigrir, ou ne leur donner occasion de se fascher, ie passois les iours entiers sans ouurir la bouche. Croyez moy si ie n'ay rapporté autre fruict des Sauuages, i'ay pour le moins appris beaucoup d'injures en leur langue, ils me disoient à tout bout de champ *eca titou, eca titou nama khitirinisin*, tais toy, tais toy, tu n'as point d'esprit. *Achineou*, il est orgueilleux, *Moucachtechiou*, il fait du compagnon, *sasegau* il est superbe, *cou attimou* il ressemble à vn Chien, *cou mascoua* il ressemble à vn Ours, *cou ouabouchou ouichtoui* il est barbu comme vn Lieure, *attimonai oukhimau* il est Capitaine des Chiens, *cou oucousimas ouchtigonan* il a la teste faite comme vn citroüille, *matchiriniou* il est difforme, il est laid, *khichcouebeon* il est yure ; voila les couleurs dont ils me peignoient, & de quantité d'autres que i'obmets : le bon est qu'ils ne pensoient pas quelquesfois que ie les entendisse, & me voyans sous-rire ils demeuroient confus, du moins ceux qui ne chantoiét ces airs que pour complaire au Sorcier : les enfans m'estoient fort importuns me faisans mille niches, m'imposans silence quand ie voulois parler. Quand mon hoste estoit au logis i'auois quelque relache, & quand le Sorcier s'absentoit i'estois dans la bonace maniant les grands & les petits quasi comme ie voulois. Voila vne bonne partie des choses qu'on doit souffrir parmy ces peuples : cecy ne doit épouuenter personne, les bons soldats s'animent à la veuë de leur sang & de leurs playes, Dieu est plus grand que nostre cœur, on ne tombe pas tousiours dans la famine, on ne rencontre pas tousiours des Sorciers, ou des iongleurs de l'humeur de celuy-cy : en vn mot si nous pouuions sçauoir la langue & la reduire en preceptes il ne seroit plus de besoin de suiure ces Barbares. Pour les nations stables, d'où nous attendons le plus grand fruict, nous pouuons auoir nostre cabane à part, & par consequent nous deliurer d'vne partie de ces grandes incommoditez : mais finissons ce Chapitre, autrement ie me voy en danger d'estre aussi importun que cet imposteur

que

que ie recommande aux prieres de tous ceux qui liront cecy, ie coucheray au Chapitre suiuant quelques entretiens que i'ay eu auec luy, lors que nous estions dans quelque treue.

CHAPITRE XIII.

Contenant vn Iournal des choses qui n'ont peu estre couchées sous les Chapitres precedens.

SI ce Chapitre estoit le premier dans ceste relation, il donneroit quelque lumiere à tous les suiuans : mais ie luy ay donné le dernier rang, pource qu'il se grossira tous les iours iusques au depart des vaisseaux, par le rencontre des choses plus remarquables qui pourront arriuer, n'estant qu'vn memoire en forme de Iournal, de tout ce qui n'a peu estre logé dans les Chapitres precedens.

Apres le depart de nos François qui sortirent de la rade de Kebec, le 16. d'Aoust de l'an passé 1633. pour tirer à Tadoussac, & de là en France, cherchant l'occasion de conuerser auec les sauuages, pour apprendre leur langue; ie me transportay delà le grand fleuue de sainct Laurens dans vne cabane de fueillages, & allois tous les iours à l'escole dans celles des sauuages, qui nous enuironnoient, alleché par l'esperance que i'auois, sinon de reduire le Renegat à son deuoir, du moins de tirer de luy quelque cognoissance de sa langue: ce miserable estoit nouuellement arriué de Tadoussac, où il s'estoit môstré fort contraire aux François, la faim qui pressoit l'Apostat & ses freres, les fit monter à Kebec pour trouuer dequoy viure: estás donc occupez à leur pesche, i'estois fort souuent en leur cabane, inuitant parfois le Renegat de venir vne autre fois hyuerner auec nous dans nostre maisonnette, il s'y fust aysément accordé n'estoit qu'il auoit pris femme d'vne autre nation que la sienne, & qu'il ne la pouuoit pas renuoyer pour lors: voyant donc qu'il ne me pouuoit pas suiure, ie luy iettay quelque propos de passer l'hyuer auec luy, mais sur ces entrefaictes vne furieuse tempeste nous ayant battu en ruine certaine nuict, le

Pere de Noüe, deux de nos hommes, & moy, dans nostre cabane, ie fus saisy d'vne grosse fiéure, qui me fit chercher nostre petite maisonnette pour y trouuer la santé.

L'Apostat ayant veu mon inclination traicta de mon dessein auec ses freres, il en auoit trois, l'vn nommé Carigonan, & surnommé des François l'Espousée, pource qu'il fait le grand comme vne espousée; c'est le plus fameux sorcier, ou *manitousiou*, (c'est ainsi qu'ils appellent ces iongleurs) de tout le pays, c'est celuy dont i'ay fort parlé cy-dessus: l'autre se nomme Mestigoït, ieune homme âgé de quelque trente-cinq ou quarante ans, braue Chasseur, & d'vn bon naturel: le troisiesme se nommoit Sasousinat, c'est le plus heureux de tous: car il est maintenant au Ciel, estât mort bon Chrestien, comme ie l'ay fait voir au Chapitre second. Le sorcier ayant appris du Renegat que ie voulois hyuerner auec les Sauuages, me vint voir sur la fin de ma maladie, & m'inuita de prendre sa cabane, me donnant pour raison qu'il aymoit les bons, pource qu'il estoit bon, qu'il auoit tousiours esté bon dés sa tendre ieunesse : il me demanda si Iesus ne m'auoit parlé de la maladie qui le trauailloit : viens, me disoit-il, auec moy, & tu me feras viure maintenant : ie suis en danger de mourir : or comme ie le cognoissois comme vn homme tresimpudent, ie l'éconduy le plus doucement qu'il me fut possible, & tirant à part l'Apostat, qui tafchoit de m'auoir de son costé, ayant tesmoigné au Pere de Noüe quelque desir de retourner à Dieu, ie luy dy que i'hyuernerois volontiers auec luy, & auec son frere Mestigoït, à condition que nous n'irions point dela le grand fleuue, que le sorcier ne feroit point en nostre compagnie, & que luy qui entend bien la langue Françoise m'enseigneroit : ils m'accorderent tous deux ces trois conditions, mais ils n'en tindrent pas vne.

Le iour du départ estant pris, ie leur donnay pour mon viure vne barrique de galette, que nous empruntasmes au magazin de ces Messieurs, vn sac de farine, & des espics de bled d'Inde, quelques pruneaux, & quelques naueaux, ils me presserent fort de porter vn peu de vin, mais ie n'y voulois point entendre, craignant qu'ils ne s'enyurassent : toutesfois m'ayans promis qu'ils n'y toucheroient point sans ma permission, & les ayant asseuré qu'au cas qu'ils le fissent, que ie le ietterois dans la mer, ie suiuy l'inclination de ceux qui me conseillerent d'en porter vn petit barillet; ie promis en outre à Mestigoït que ie le prenois pour mon hoste : car l'Apostat n'est pas Chasseur, & n'a aucune conduite, que ie luy ferois quelque present au retour, comme i'ay fait : c'est l'attente de ces viures qui leur fait desirer d'auoir vn François auec eux.

Ie m'embarquay donc en leur chalouppe, iustement le 18. d'Octobre, faisant profession de petit écolier, à mesme iour que i'auois autrefois fait profession de maistre de nos écoles, estât allé prendre congé de Monsieur nostre Gouuerneur, il me recommāda tres-particulieremēt aux Sauuages, mon hoste luy repartit, si le Pere meurt ie mourray auec luy, & iamais plus on ne me reuerra en ce pays icy, nos Frāçois me tesmoignoient tout plein de regret de mon depart, veu les dangers esquels on s'engage en la suitte de ces Barbares. Les Adieu faits de part & d'autre, nous fismes voile enuiron les dix heures du matin, i'estois seul de François auec vingt Sauuages, comptant les hommes, les femmes, & les enfans, le vent & la marée nous fauorisans, nous allasmes descendre au delà de l'Isle d'Orleans dans vne autre Isle nommée des Sauuages *Ca ouahascoumagakhe*, ie ne sçay si la beauté du iour se respandoit dessus ceste Isle, mais ie la trouuay fort agreable.

Si tost que nous eusmes mis pied à terre, mon hoste prend vne harquebuse qu'il a acheté des Anglois, & s'en va chercher nostre souper: cependant les femmes se mettent à bastir la maison où nous deuions loger. Or l'Apostat s'estāt pris garde que tout le monde estoit occupé, s'en retourna à la chalouppe qui estoit à l'anchre, prit le petit barillet de vin, & en beut auec tel excez, que s'estāt enyuré comme vne souppe, il tomba dedans l'eau, & se pensa noyer; enfin il en sortit apres auoir bien barbotté, il s'en vint vers le lieu où on dressoit la cabane, criant & hurlant comme vn demoniaque, il arrache les perches, frappe sur les écorces de la cabane, pour tout briser: les femmes le voyant dans ces fougues s'enfuyent dans le bois, qui deçà qui delà, mon Sauuage que ie nomme ordinairemét mon hoste, faisoit boüillir dans vn chauderon quelques oyseaux qu'il auoit tuez: cet yurongne suruenāt rompt la cramaillere, & renuerse tout dans les cendres; à tout cela pas vn ne fait mine d'estre fasché, aussi est ce folie de se battre contre vn fol, mon hoste ramasse ses petits oyseaux, les va luymesme lauer à la riuiere, puise de l'eau, & remet la chaudiere sur le feu, les femmes voyant que cét homme enragé coūroit çà & là sur le bord de l'Isle, écumant comme vn possedé, viennent viste prendre leurs écorces, & les emportent en vn lieu écarté, de peur qu'il ne les mette en pieces comme il auoit commencé: à peine eurent-elles le loysir de les rouler qu'il parut aupres d'elles tout forcené, & ne sçachant sur qui deschatger sa fureur: car elles disparurent incontinent à la faueur de la nuict qui commençoit à nous cacher, il s'en vint par le feu qui se descouuroit par sa clarté, & voulant mettre la main sur la chaudiere pour la renuerser vne autre fois, mon hoste son frere, plus habile que luy, la prit & luy ietta au nez toute boüillante comme elle estoit, ie vous laisse à penser quelle contenance tenoit ce pauure homme, se voyant pris à la chaude, iamais il ne fut si bien laué, il changea de peau en la face, & en tout l'estomach, pleust à Dieu que son ame eust changé aussi bien que son corps : il redouble ses hurlemens, arrache le reste des perches, qui estoient encor debout : mon hoste m'a dit depuis qu'il demandoit vne hache pour me tuer, ie ne sçay s'il la demanda en effect, car ie n'entendois pas son langage, mais ie sçay bien que me presentant à luy pour l'arrester il me dit, parlant François, Retirez-vous, ce n'est pas à vous à qui i'en veux, laissez-moy faire, puis me tirant par la sotane, Allons, disoit-il, embarquons-nous dans vn canot, retournons en vostre maison, vous ne cognoissez pas ces gens cy, ce qu'ils en font, c'est pour le ventre, ils ne se soucient pas de vous, mais de vos viures,

en l'année 1634. 217

à cela ie répondois tout bas à part moy, *in vino veritas.*

La nuict s'auançant bien fort ie me retiray dedans le bois pour fuir l'importunité de cet yurongne, & pour prendre quelque repos : comme ie faisois mes prieres auprès d'vn arbre, la femme qui faisoit le ménage de mon hoste me vint trouuer, & ramassant quelques feüilles d'arbres tombées, me dit; couche toy là, & ne fais point de bruit, puis m'ayant ietté vne écorce pour me couurir, elle se retira : voila donc mon premier giste à l'enseigne de la Lune qui me découuroit de tous costez, me voila passé Cheualier dés le premier iour de mon entrée en ceste Academie, la pluye suruenant vn peu auant minuict, me donna quelque apprehension d'estre moüillé, mais elle ne dura pas long temps : le lendemain matin ie trouuay que mon lict, quoy qu'on ne l'eut point remué depuis la creation du monde, n'estoit point si dure qu'il m'empeschat de dormir.

Le iour suiuant ie voulu ietter le barillet & le reste du vin dans la riuiere, comme ie leurs auois dit que ie ferois, au cas qu'on en abufaſt, mon hoſte me ſaiſiſſant par le milieu du corps, s'écria *eca toute, eca toute*, ne fais pas cela, ne fais pas cela, ne vois tu pas que Petrichtich (c'eſt ainſi qu'ils nomment le Renegat par deriſion) n'a point d'eſprit, que c'eſt vn chien, ie te promets qu'on ne touchera plus au barillet que tu ne ſois preſent: ie m'arreſtay auec reſolution d'en faire largeſſe, afin de me deliurer de la crainte qu'vn peu de vin ne nous fit boire beaucoup d'eau : car s'ils ſe fuſſent enyurez pendant que nous faiſions voile, c'eſtoit pour nous perdre.

Nous voulions ſortir le matin de ceſte Iſle; mais la marée ſe retirant pluſtoſt que nous penſions, noſtre Chalouppe s'échoüa : ſi bien qu'il fallut attendre la marée du ſoir, en laquelle nous nous embarquaſmes, & voguans à la faueur de la Lune auſſi bien que du vent, nous abordaſmes vne autre Iſle nommée *Ca ouapaſcounagate*. Comme nous arriuaſmes ſur la minuict, nos gens ne prirent pas la peine de nous baſtir vne maiſon, ſi bien que nous couchaſmes au meſme lict, & logeaſmes à la meſme enſeigne que la nuict precedente, abriez des arbres & du ciel.

Le lendemain nous quittasmes ceste Isle pour entrer dans vne autre appellée *Cachibariouachcate*, nous la pourrions nommer l'Isle aux Oyes blanches, car i'y en vis plus de mille en vne bande.

Le iour d'apres nous la voulions quitter, mais nous fusmes contraints pour le mauuais temps de relascher au bout de ceste mesme Isle, elle est deserte comme tout le pays, c'est à dire qu'elle n'a des habitans qu'en passant, ce peuple n'ayant point de demeure asseurée: elle est bordée de rochers si gros, si hauts, & si entrecouppez & peuplée neantmoins de Cedres & de Pins si proprement, qu'vn Peintre tiendroit à faueur d'en auoir la veüe pour tirer l'idée d'vn desert affreux pour ses precipices, & tres agreable pour la varieté de quantité d'arbres qu'on diroit auoir esté plantez par la main de l'art plustost que de la Nature. Comme elle est entretaillée de bayes pleines de vases, il s'y retire si grande quantité de gibier & de plusieurs especes que ie n'ay point veu en France, qu'il le faut quasi voir pour le croire,

Sortans de ceste Isle au gibier nous nauigeasmes tout le iour & vinsmes descendre sur la nuict dans vne petite Islette nommé *Atisaoucanich etagoukhi*, c'est à dire lieu où se trouue la teinture, ie me doute que nos gens luy donnerent ce nom, pource qu'ils y trouuerent de petites racines rouges, dont ils se seruent pour teindre leurs *Matachias*. I'appellerois volontiers ce lieu l'Islette mal-heureuse : car nous y souffrismes beaucoup huict iours durant que les tempestes nous y retindrent prisonniers. Il estoit nuict quand nous l'abordasmes, la pluye & les vents nous attaquoient, & ce pendant à peine peut-on trouuer cinq ou six perches pour seruir de poultres à nostre bastiment, qui fut si petit, si estroit, & si decouuert, & par vn temps si fascheux, voulant euiter vne incommodité on tomboit dans deux autres; il se falloit racourcir, ou se rouler en herisson, sur peine de se brusler la moitié du corps pour nostre souper, & pour nostre disner tout ensemble : car nous n'auions point mangé depuis le matin, mon hoste fit ietter à chacun vn morceau de la galette que ie luy auois donnée, m'aduertissant que nous mangerions sans boire, car l'eau de ce grand fleuue commence en ce lieu d'estre salée, le lendemain nous recueillismes de l'eau de pluye, tombée dans des roches fort sales, & la beusmes auec autant de plaisir qu'on boit le vin d'Aï en France.

Ils auoient laissé nostre Chaloupe à l'anchre dans vn grand courant de marée, ie les aduerty qu'elle n'estoit pas bien, & qu'il la falloit mettre à l'abry derriere l'Islette; mais comme nous n'attendions qu'vn bon vent pour partir, ils n'en tindrent conte. La nuict la tempeste redoublant, on eust dit que les vents deuoient deraciner nostre Islete, mon hoste se doutant de ce qui arriua éueille l'Apostat, & le presse de le venir ayder à sauuer nostre Chaloupe, qui s'alloit perdre: or soit que ce miserable fust paresseux, ou qu'il eust peur des ondes, iamais il ne se voulut leuer, donnant pour toute réponse, qu'il estoit las; dans ce retardement les vents rompent l'amare, ou la corde de l'anchre, & en vn instant font disparoistre nostre Chaloupe, mon hoste voyant ce beau ménage, me vint dire *Nicanis*, mon bien-aymé, la Chalouppe est perduë, les vents qui l'ont enleuée la briseront contre les roches qui nous enuironnent de tous costez. Qui n'eust entré en verue contre ce Renegat, dont la negligence nous iettoit dans des peines inexplicables, veu qu'il y auoit quantité de paquets dans nostre bagage, & beaucoup d'enfans à porter. Mon hoste cependant, tout barbare & tout sauuage qu'il est, ne se troubla point à cet accident, ains craignant que cela ne m'attristast, il me dit, *Nicanis*, mon bien-aymé, n'es-tu point fasché de ceste perte, qui nous causera de grands trauaux? ie n'en suis pas bien ayse, luy repartis-ie, ne t'en attriste point, me fit-il: car la fascherie ameine la tristesse, & la tristesse ameine la maladie, *Petrichtich* n'a point d'esprit, s'il m'eust voulu secourir ce malheur ne fust point suruenu, voyla tous les reproches qu'on luy fit. Veritablement cela me confond, que l'interest de la santé arreste la cholere, & la fascherie d'vn Barbare, & que la loy de Dieu, que son bon plaisir, que l'espoir de ses grandes recompenses, que la crainte de ses chaſtimens, que noſtre propre paix & conſolation ne puiſſe ſeruir de bride à l'impatience & à la cholere d'vn Chreſtien.

Au malheur ſuſdit en ſuruint vn autre, nous auions outre la Chaloupe vn petit Canot d'écorce, la marée ſe groſſiſſant plus qu'à l'ordinaire par le ſouffle des vents nous le déroba, nous voila priſonniers plus que iamais, ie ne vis ny larmes ny plaintes, non pas meſme parmy les femmes, ſur le dos deſquelles ce deſaſtre tomboit plus particulierement, à raiſon qu'elles ſont comme les beſtes de voiture, portant ordinairement le bagage des Sauuages, au contraire tout le monde ſe mit à rire.

Le iour venu, car ce fut la nuict que la tempeſte commit ce larcin, nous couruſmes tous ſur les riues du fleuue, pour apprendre par nos yeux des nouuelles de noſtre pauure Chaloupe, & de noſtre Canot, nous viſmes l'vn & l'autre échoüez fort loing de nous, la Chaloupe parmy des roches, & le Canot au bord du bois de la terre continente, chacun penſoit que tout eſtoit en pieces: ſi toſt que la mer ſe fut retirée les vns courrent vers la Chaloupe, les autres vers le Canot, chose estrange; rien ne se trouua endommagé, i'en demeuray tout estonné: car de cent vaisseaux fussent-ils d'vn bois aussi dur que le bronze, à peine s'en saueroit-il pas vn dans ces grands coups de vent & sur des roches.

Pendant que les vents nous tenoient prisonniers dans ceste malheureuse Islete, vne partie de nos gens s'en allerent visiter quelques Sauuages qui estoient à cinq ou six lieuës de nous, si bien qu'il ne resta que les femmes & les enfans, & l'Hiroquois dans nostre cabane. La nuict vne femme estant sortie s'en reuint toute effarée criant quelle auoit oüy le *Manitou*, ou le diable, voila l'allarme dans nostre camp, tout le monde remply de peur garde vn profond silence, Ie demanday d'où procedoit ceste épouuente: car ie n'auois pas entendu ce qu'auoit dit ceste femme, *eca titou, eca titou*, me dit on, *Manitou*, tais toy, tais toy, c'est le diable: ie me mis à rire, & me leuant en pied ie sors de la cabane, & pour les asseurer i'appelle en leur langage le *Manitou*, criant tout haut que ie
ne le

ne le craignois pas, & qu'il n'oferoit venir où i'eſtois : puis ayant fait quelques tours dans noſtre Iſlete, ie rentray, & leur dis, ne craignez point, le diable ne vous fera aucun mal tant que ie feray auec vous, il craint ceux qui croyent en Dieu, ſi vous y voulez croire il s'enfuïra de vous. Eux bien eſtonnez, me demandent ſi ie ne le craignois point, ie repars pour les deliurer de leur peur, que ie n'en craignois pas vne centaine, ils ſe mirent tous à rire, ſe raſſeurans petit à petit : or voyant qu'ils auoient ietté de l'anguille dans le feu i'en demanday la raiſon, tais-toy, me firent-ils, nous donnons à manger au diable afin qu'il ne nous faſſe point de mal.

Mon hoſte à ſon retour ayant ſceu ceſte hiſtoire, me remercia fort de ce que i'auois raſſeuré tous ſes gens, me demandant ſi en effet ie n'auois point de peur du *Manitou*, ou du diable, & ſi ie le cognoiſſois bien, que pour eux qu'ils le craignoient plus que la foudre ; Ie luy répondis, que s'il vouloit croire, & obeïr à celuy qui a tout fait, que le *Manitou* n'auroit nul pouuoir ſur luy : pour nous qu'eſtans aſſiſtez de celuy que

P

nous adorions, le diable auoit plus de peur de nous, que nous n'auions de luy; il s'estonna, & me dit qu'il eust bien voulu que i'eusse eu cognoissance de sa langue : car figurez vous que nous nous faisions entendre l'vn l'autre plus par les yeux, & par les mains, que par la bouche.

Ie dressay quelques prieres en leur langue, auec l'ayde de l'Apostat : or comme le Sorcier n'estoit pas encore venu, ie les recitois le matin, & auant nos repas, eux mesmes m'en faisans souuenir, & prenans plaisir à les ouïr prononcer ; si ce miserable Magicien ne fust point venu auec nous ces Barbares auroient pris grand plaisir de m'écouter : mon hoste me faisoit mille questions, me demandant pourquoy nous mouriōs, où alloient nos ames, si la nuit estoit vniuerselle par tout le monde, & choses semblables, se monstrant fort attentif à mes réponses. Changeons de discours.

Ie remarquay en ce lieu cy, que les ieunes femmes ne mangent point dans le plat de leurs marys ; i'en demanday la raison, le Renegat me dit que les ieunes filles à marier, & les femmes qui n'auoient point encore d'enfans, n'auoient rien en maniement, & qu'on leur faifoit leur part comme aux enfans, de là vient que fa femme mefme me dit vn iour, Dis à mon mary qu'il me donne bien à manger: mais ne luy dis pas que ie t'ay prié de luy dire.

Pendant certaine nuict, tout le monde eftant dans vn profond fommeil, ie me mis à entretenir ce pauure miferable Renegat, ie luy fis voir qu'eftant en noftre maifon, rien de tout ce que nous auions ne luy manquoit, qu'il y pouuoit paffer fa vie doucement, & qu'en quittant Dieu il s'eftoit ietté dans vne vie de befte, qui enfin abboutiroit à l'enfer, s'il n'ouuroit les yeux, que l'eternité eftoit bien longue, & que d'eftre à iamais compagnon des diables, c'eftoit vn long terme. Ie voy bien, me fit-il, que ie ne fais pas bien; mais mon malheur eft que ie n'ay pas l'efprit affez fort pour demeurer ferme dans vne refolution, ie croy tout ce qu'on me dit; quand i'ay efté auec les Anglois, ie me fuis laiffé aller à leurs difcours; quand ie fuis auec les Sauuages ie fais comme eux:

quand ie suis auec vous ie tiens vostre creance pour veritable, pleut à Dieu que ie fusse mort quand i'estois malade en France, ie serois maintenant sauué, tant que i'auray des parens ie ne feray iamais rien qui vaille : car quand ie veux demeurer auec vous, mes freres me disent que ie pouriray demeurant tousiours en vn endroit, cela est cause que ie quitte tout pour les suiure. Ie luy apportay toutes les raisons, & luy fis toutes les offres que ie peus pour l'affermir: mais son frere le Sorcier qui sera bien tost auec nous renuersera tous mes desseins, car il manie comme il veut ce pauure Apostat.

Le trentiesme iour d'Octobre nous sortismes de ceste malheureuse Islete, & vinsmes aborder sur la nuict dans vne autre Isle qui porte vn nom quasi aussi grand comme elle est, car elle n'a pas demy lieuë de tour, & voicy comme nos Sauuages me diret qu'elle se nommoit, *Ca pacoucachtechkhi chachagou achigamkhi, Ca pakhitaouananiouikhi,* ie croy qu'ils forgent ces noms sur le champ, ceste Isle n'est quasi qu'vn grand rocher affreux, comme elle n'a point de fontaine d'eau douce nous fusmes contrains de boire des eauës de pluyes fort sales que nous ramassions dans des fondrieres, & sur des roches; on ietta le voile de nostre chalouppe sur des perches quand nous y arriuasmes, & nous nous mismes à l'abry là dessous, nostre lict estoit blanc & verd, c'est à dire qu'il y auoit si peu de branches de pin dessous nous, que nous touchiõs la neige en plusieurs endroits, laquelle auoit commencé depuis trois iours à couurir la terre d'vn habit blanc.

Nous trouuasmes en ce lieu la cabane d'vn Sauuage, que nostre hoste cherchoit, nommé *Ekhennabamate*, il apprit de luy que son frere le Sorcier estoit passé depuis peu, & qu'ayant eu le vent contraire, il n'estoit pas loing, il n'attendit pas qu'il fut iour tout à fait pour le suiure, son Canot poussé par trois rameurs alloit comme le vent: bref le beau premier iour de Nouembre dedié à la memoire de tous les Saincts, il nous ramena ce Demon, i'entends ce Sorcier. Ie fus bien estonné quand ie le vis: car ie ne l'attendois pas. me figurant que mon hoste estoit allé à la chasse, fut-il ainsi, & que ceste miserable proye luy eust eschappé des mains.

Si tost qu'il fut arriué ce n'estoient plus que festins dans nos cabanes, nous n'auions plus que fort peu de viures de reste, ces Barbares les mangeoient auec autant de paix & d'asseurance, comme si les animaux qu'ils deuoient chasser eussent esté renfermez dans vne estable.

Mon hoste faisant vn iour festin à son tour, les conuiez me firent signe que ie haranguasse en leur langue, ils auoiét enuie de rire: car ie prononce le Sauuage comme vn Alemant prononce le François, leur voulant donner ce contentement, ie me mis à discourir, & eux à s'éclatter de rire: eux bien aises de gausser, & moy bien ioyeux d'apprendre à parler: Ie leur dis pour conclusion, que i'estois vn enfant, & que les enfans faisoient rire leurs peres par leur begayement: mais qu'au reste ie deuiendrois grand dans quelques années, & qu'alors sçachant leur langue ie leur ferois voir qu'eux-mesmes sont enfans en plusieurs choses, ignorans de belles veritez, dont ie leur parlerois, & sur l'heure mesme ie leur demáday si la Lune estoit aussi hautemēt logée que les Estoilles, si elle estoit en mesme Ciel, où alloit le Soleil quād il nous quittoit, quelle figure auoit la terre, (si ie sçauois leur langue en perfection ie leur proposerois tousiours quelque verité naturelle deuant que de parler des points de nostre creāce : car i'ay remarqué que ces curiositez les rendent attentifs) pour ne m'éloigner de mon discours, l'vn d'eux prenant la parole apres m'auoir ingenuëment confessé qu'ils ne pouuoient répondre à ces questions, me dit ; mais comment pourrois-tu toy mesme cognoistre ces choses, puis que nous les ignorons ? ie tiray aussi tost vn petit cadran que i'auois dans ma poche, ie l'ouure, & luy mettant en main, ie luy dis; nous voyla dans la nuict profonde, le Soleil ne nous paroist plus, dis-moy maintenāt enuisageant ce que ie te presente, en quelle part du monde il est ; designe moy le lieu où il se doit demain leuer, où il se doit coucher, où il sera en son midy, marque moy les endroits du Ciel, où il ne va iamais : mon homme répondit des yeux me regardant sans dire mot : ie prens le cadran & luy fais

P iiij

voir en peu de mots tout ce que ie venois de propofer, adiouftant en fuitte; hé bien comment fe peut il faire que ie cognoiffe ces chofes, & que vous les ignoriez? i'ay bien d'autres veritez plus grandes à vous dire quand ie fçauray parler. Tu as de l'efprit, me dirent-ils, tu fçauras bien toft noftre langue, ils fe font trompez.

Ce que i'efcris dans ce iournal n'a point d'autre fuitte, que la fuitte du temps, voila pourquoy ie pafferay fouuent du coq à l'afne, comme on dit, c'eft à dire que quittant vne remarque ie pafferay à vne autre qui ne luy a point de rapport, le temps feul feruant de liaifon à mon difcours.

Comme l'arc & la fleche femble des armes inuentées par la Nature, puis que toutes les Nations de la terre en ont trouué l'vfage, de mefme vous diriez qu'il y a de certains petits ieux que les enfans trouuent fans qu'on leur enfeigne; les petits Sauuages iouent à fe cacher auffi bien que les petits François, ils font quantité d'autres traits d'enfance, que i'ay remarqué en noftre Europe, entre autres i'ay veu les petits Parifiens ietter vne balle d'arquebuse en l'air, & la receuoir auec vn baston vn petit creusé, les petits Sauuages montagnards font le mesme, se seruans d'vn petit faisseau de branches de Pin, qu'ils reçoiuent ou picquent en l'air auec vn baston pointu: les petits Hiroquois ont le mesme passe-temps iettans vn osselet percé qu'ils enlassent en l'air dans vn autre petit os: vn ieune homme de ceste nation me le dit, voyant iouer les enfans montagnards.

Mõ Sauuage & le Sorcier son frere, ayãt apprins qu'il y auoit quãtité de Mõtagnais és enuirõs du lieu où ils vouloiẽt hyuerner, prirent resolution de passer du costé du Nord, craignans que nous ne nous affamassions les vns les autres: les voyla donc resolus d'aller où m'auoit promis mon hoste & le Renegat; mais à peine auiõs nous fait trois lieuës sur le grand fleuue pour le trauerser, que nous rencontrasmes quatre canots qui nous ramenerent au Sud, disans que la chasse n'estoit pas bonne du costé du Nord, si bien que ie fus contraint de demeurer auec le sorcier, & d'hyuerner au delà de la grande riuiere, quoy que ie peusse alleguer au contraire. Ie voyois bien les dangers dans lesquels ils me iettoient, mais ie ne voyois point d'autre remede que de se confier en Dieu, & le laisser faire.

Si tost que les nouueaux Sauuages venus dans ces quatre canots eurent mis pied à terre, mon hoste leur fit vn báquet d'anguilles boucanées, car nous n'áuions déja plus de pain. A peine ces conuiés furent-ils de retour en leur cabane, qu'ils dresserent vn festin de pois qu'ils auoient acheté passans à Kebec, mais afin que vous voyez les excez de ce peuple, au sortir de ce banquet, on vint à vn troisiesme, que le sorcier auoit preparé, composé d'anguilles, & de la farine que i'auois donnée à mon hoste: cet homme me pressa fort d'estre de la partie, il auoit fait faire vn retranchemét dans nostre cabane auec des peaux, & des couuertures, tous les conuiez entrerent là dedans, on me donna ma part dans vne petite écuelle, mais comme ie n'estois pas encor tout à fait accoustumé à manger de leur boüillies si sales & si fades, apres en auoir gousté i'en voulu donner le reste à la paréte de mon hoste, aussi tost on me dit khita, khita, mange tout, mange tout, acoumagouchan, c'est vn festin à tout manger, ie me mis à rire, & leur dis qu'ils ioüoient à se faire creuer, veu qu'ayans desia esté à deux festins, ils en faisoient vn troisiesme à ne rien laisser, mon hoste m'entendant me dit, que dis tu Nicanis? Ie dis que ie ne sçaurois tout manger, donne moy, ce fit-il, ton écuelle ie t'ayderay, luy ayant presenté il auala tout ce qui estoit dedans en deux tours de gueule, tirant vne langue longue de la main pour la lecher au fond & par tout, afin qu'il n'y restast rien.

Quand ils furent saouls quasi iusqu'à creuer, le Sorcier prit son tambour & inuita tout le monde à chanter, celuy là chantoit le mieux qui heurloit le plus fort, à la fin de leur tintamarre les voyans d'vne humeur assez ga●, ie leur demanday permission de parler, cela m'estant accordé, ie commençay à leur declarer l'affection que ie leur portois, vous voyez, disois ie, de quel amour ie suis porté en vostre endroit, i'ay non seulement quitté mon pays, qui est beau, & bien agreable pour venir dans vos neiges & dans vos grands bois ; mais encore ie m'esloigne de la petite maison que nous auons en vos terres pour vous suiure & pour apprendre vostre langue. Ie vous chery plus que mes freres puis que ie les ay quittez pour vostre amour, c'est celuy qui a tout fait qui me donne ceste affection enuers vous, c'est luy qui creé le premier homme d'où nous sommes tous issus, voyla pourquoy n'ayans qu'vn mesme pere nous sommes tous freres, & nous deuons tous recognoistre vn mesme Seigneur & vn mesme Capitaine, nous deuons tous croire en luy, & obeïr à ses volontez, Le Sorcier m'arrestant dit tout haut, quand ie le verray, ie croiray en luy, autrement non, le moyen de croyre en celuy qu'on ne void pas? Ie luy répondis, quand tu me dis que ton pere, ou l'vn de tes amis a tenu quelque discour ie croy ce qu'il a dit, me figurant qu'il n'est point menteur, & cependant ie n'ay iamais veu ton pere : de plus tu crois qu'il y a vn *Manitou* & tu ne l'as pas veu. Tu crois qu'il y a des *Khichicouakhi*, ou des Genies du iour, & tu ne les a pas veus : d'autres les ont veus, me dit-il, Tu ne me sçaurois dire, luy reparty ie, ny quand, ny comment, ny en quelle façon, ou en quel endroit on les a veus, & moy ie te puis dire commēt fo nommoient ceux qui ont veu le Fils de Dieu en terre, quand il l'ont veu, & en quel lieu, ce qu'ils ont faict, & en quels pays ils ont esté. Ton Dieu, me fit-il, n'est point venu en nostre pays, voila pourquoy nous ne croyons point en luy, fais que ie le voye, & ie croiray en luy. Escoute moy & tu le verras, luy repliquay-ie, Nous auons deux sortes de veuë, la veuë des yeux du corps, & la veuë des yeux de l'ame, ce que tu vois des yeux de l'ame peut estre aussi certain que ce que tu vois des yeux du corps : Non, dit-il, ie ne vois rien sinon des yeux du corps, si ce n'est en dormāt, mais tu n'approuue pas nos songes. Escoute moy iusqu'au bout, luy fis-ie, Quand tu passe deuant vne cabane delaissée, que tu vois encor toutes les perches en rond, que tu vois l'aire de la cabane tapissée de branches de Pin, quand tu vois le fouyer qui fume encore, n'est-il pas vray que tu cognois asseurément, & que tu vois bien qu'il y a eu là des Sauuages ? & que ces perches & tout le reste que vous laissez quand vous decabanez, ne se sont point rassemblées par cas fortuit ? ouy, me dit-il, or ie dis le mesme quand tu vois la beauté & la grandeur de ce monde, que le Soleil tourne incessamment sans s'arrester, que les saisons retournent en leur temps, & que tous les Astres gardent si bien leur ordre, tu vois bien que les hommes n'ont point fait ces merueilles, & qu'ils ne les gouuernent pas, il faut donc qu'il y ait quelqu'vn plus noble que les hommes qui ait basty & qui gouuerne ceste grande maison : or c'est celuy là que nous appellons Dieu, qui void tout, & que nous ne voyons pas maintenant, mais nous le verrons apres la mort, & nous serons bien-heureux à iamais auec luy si nous l'aymons & si nous luy obeissons. Tu ne sçais ce que tu dis, me repart-il, apprends à parler & nous t'entendrons.

Là dessus ie priay l'Apostat de déduire mes raisons & de les expliquer en Sauuage : car i'en voyois de fort attentifs : mais ce miserable Renegat, craignant de deplaire à son frere, ne voulut iamais ouurir la bouche. Ie le prie, ie le coniure auec toute douceur, en fin ie redouble ma voix, & le menace de la part de Dieu, luy protestant qu'il seroit responsable de l'ame de la femme de son frere le Sorcier, laquelle ie voyois fort malade, & pour laquelle i'estois entré en discours, esperant que si les Sauuages goustoient mes raisons, qu'ils me permettroient aisément de l'instruire ; ce cœur de bronze ne flechit iamais, ny à mes prieres, ny à mes menaces, Ie prie Dieu qu'il luy fasse misericorde, mon hoste me voyant parler d'vn accent assez haut, me dit, *Nicanis* ne te fasche point, auec le temps tu parleras comme nous, & tu nous enseigneras ce que tu sçais, nous te presterons l'oreille plus volontiers qu'à cet opiniastre qui n'a point d'esprit, auquel nous n'auons nulle creance, voila les eloges qu'il donnoit à ce Renegat. Ie luy repliquay, si ceste femme se portoit bien ie serois consolé, mais elle est pour mourir dans peu de iours, & son ame faute de cognoistre Dieu sera perduë, que si ton frere me vouloit prester sa parole ie l'instruirois en peu de temps, sa réponse fut que ie le laissasse, & que ie sçauois bien que c'eſtoit vn lourdaut, pour concluſion on dit les mots qui terminent le feſtin, & chacun ſe retira, moy bien dolent de voir ceſte ame ſe perdre en ma preſence ſans la pouuoir ſecourir : car le Sorcier ayant commencé à leuer le maſque & l'Apoſtat à m'éconduire en ſa cõſideration, toutes les eſperances que ie pouuois auoir d'ayder ceſte femme malade d'inſtruire les autres commencerent à s'éuanoüir, i'ay ſouuent ſouhaitté qu'vn Sainct fuſt en ma place pour operer en Sainct, les petites ames crient beaucoup & font peu, il ſe faut contenter de la baſſeſſe : pourſuiuons noſtre voyage.

Le douzieſme de Nouembre nous commençaſmes en fin d'entrer dedans les terres, laiſſans nos Chalouppes & nos Canots, & quelqu'autre bagage dans l'Iſle au grand nom, de laquelle nous ſortiſmes de mer baſſe, trauerſans vne prairie qui la ſepare du continent : iuſques icy nous auons fait chemin dans le pays des poiſſons, touſiours ſur les eauës, ou dans les Iſles, doreſnauant nous allons entrer dans le Royaume des beſtes ſauuages, ie veux dire de beaucoup plus d'eſteduë que toute la Fráce.

Les

Les Sauuages passent l'hyuer dedans ces bois, courans çà & là, pour y chercher leur vie ; au commencement des neiges ils cherchent le Castor dans des petits fleuues, & le Porc-espic dans les terres, quand la neige est profonde ils chassent à l'Orignac & au Caribou, comme i'ay dit.

Nous auons fait dans ces grands bois, depuis le 12. Nouembre de l'an 1633. que nous y entrasmes, iusques au 22. d'Auril de ceste année 1634. que nous retournasmes aux riues du grand fleuue de sainct Laurens, vingt-trois stations, tantost dans des valées fort profondes, puis sur des montagnes fort releuées ; quelque fois en plat pays, & tousiours dans la neige : ces forests où i'ay esté sont peuplées de diuerses especes d'arbres, notamment de Pins, de Cedres, & de Sapins. Nous auons trauersé quantité de torrens d'eau, quelques fleuues, plusieurs beaux lacs & estangs marchans sur la glace ; mais descendons en particulier & disons deux mots de chaque station, la crainte que i'ay d'estre long me fera retrancher quãtité de choses que i'ay iugé assez legeres,

Q

quoy qu'elles puissent donner quelque iour à ces memoires.

A nostre entrée dans les terres nous estions trois cabanes de compagnie, il y auoit dixneuf personnes en la nostre, il y en auoit seize en la cabane du Sauuage nommé Ekhennabamate, & dix dans la cabanne des nouueaux venus. Ie ne conte point les Sauuages qui estoient à quelques lieuës de nous, nous faisions en tout quarante cinq personnes, qui deuions estre nourris de ce qu'il plairoit à la saincte Prouidence du bon Dieu de nous enuoyer; car nos prouisions tiroient par tout à la fin.

Voicy l'ordre que nous gardions leuans le camp, battans la campagne, & dressans nos tentes & nos pauillons. Quand nos gens remarquoient qu'il n'y auoit plus de chasse à quelques trois ou quatre lieuës à l'entour de nous, vn Sauuage qui cognoissoit mieux le chemin du lieu où nous allions, crioit à pleine teste, en vn beau matin hors de la cabane, Escoutez hommes ie m'en vais marquer le chemin pour decabaner demain au point du iour, il prenoit vne hache, & marquoit quelques arbres qui nous guidoient, on ne marque le chemin qu'au commencement de l'hyuer: car quand tous les fleuues & les torrens sont glacez & que la neige est haute on ne prend pas ceste peine.

Quand il y a beaucoup de pacquets, ce qui arriue lors qu'ils ont tué grand nombre d'Eslans, les femmes en vont porter vne partie iusqu'au lieu où l'on doit camper le iour suiuant; quand la neige est haute, ils font des traisnées de bois qui se fend, & qui se leue comme par fueilles assez minces & fort longues, ces traisnées sont fort estroites à raisõ qu'elles se doiuent tirer entre vne infinité d'arbres fort pressez en quelques endroits, mais en recompense elles sont fort longues. Voyant vn iour celle de mon hoste dressée contre vn arbre, à peine peus ie atteindre au milieu estendant le bras autant qu'il me fut possible. Ils lient leur bagage là dessus, & auec vne corde qui leur vient passer sur l'estomach, ils traisnent sur la neige ces chariots sans rouës.

Pour ne m'éloigner dauantage de mon chemin, si tost qu'il e● ●ur chacun se prepare pour déloger, o● commence

Q ij

par le desieuner s'il y a dequoy ; car par fois on part sans desieuner, on poursuit sans disner & on se couche sans souper, chacun fait son pacquet le mieux qu'il peut, les femmes battent la cabane pour faire tomber la glace & la neige de dessus les écorces qu'elles roulent en faisseaux, le bagage estant plié ils iettent sur leur dos ou sur leurs reins de longs fardeaux qu'ils supportent auec vne corde, qui passe sur leur front, soubs laquelle ils mettent vn morceau d'écorce de peur de se blesser ; tout le monde chargé on monte à cheual sur des raquettes qu'on se lie aux pieds afin de ne point enfoncer dans la neige, cela fait on marche en campagne & en montagnes, faisant passer deuant les petits enfans qui partent bien tost & n'arriuent par fois que bien tard, ces pauures petits ont leur pacquet, ou leur traisne pour s'accoustumer de bonne heure à la fatigue, & tasche-on de leur donner de l'emulation à qui portera ou traisnera dauantage, de vous depeindre la difficulté des chemins, ie n'ay ny plume ny pinceau qui le puisse faire, il faut auoir veu cét obiect pour le cognoistre, &

auoir gousté de ceste viande pour en sçauoir le goust, nous ne faisions que monter & descendre, il nous falloit souuent baisser à demy corps pour passer soubs des arbres quasi tombez, & monter sur d'autres couchez par terre, dont les branches nous faisoient quelques fois tomber assez doucement, mais tousiours froidement, car c'estoit sur la neige. S'il arriuoit quelque dégel, ô Dieu quelle peine! il me sembloit que ie marchois sur vn chemin de verre qui se cassoit à tous coups soubs mes pieds: la neige congelée venant à s'amollir tomboit & s'enfonçoit par esquarres ou grandes pieces, & nous en auions bien souuent iusques aux genoux, quelquefois iusqu'à la ceinture, que s'il y auoit de la peine à tomber, il y en auoit encor plus à se retirer: car nos raquettes se chargeoient de neiges & se rendoient si pesantes, que quand vous veniez à les retirer il vous sembloit qu'on vous tiroit les iambes pour vous démembrer. I'en ay veu qui glissoient tellement soubs des souches enseuelies soubs la neige, qui ne pouuoient tirer ny iambes ny raquettes sans secours: or figurez vous

Q iiij

maintenant vne perſonne chargée comme vn mulet, & iugez ſi la vie des Sauuages eſt douce.

En France dans la difficulté des voyages encor trouue-on quelques villages pour ſe rafraiſchir, & pour ſe fortifier; mais les hoſtelleries que nous rencontrions, & où nous beuuions, n'eſtoient que des ruiſſeaux, encor falloit il rompre la glace pour en tirer de l'eau; il eſt vray que nous ne faiſions pas de longues traites, auſſi nous euſt il eſté tout à fait impoſſible.

Eſtans arriuez au lieu où nous deuions camper, les femmes alloient couper les perches pour dreſſer la cabane, les hommes vuidoient la neige, comme ie l'ay plus amplement déduit au Chapitre precedent: or il falloit trauailler à ce baſtiment, ou bien trembler de froid trois groſſes heures ſur la neige en attendant qu'il fut fait, ie mettois par fois la main à l'œuure pour m'échauffer, mais i'eſtois pour l'ordinaire tellement glacé que le feu ſeul me pouuoit dégeler; les Sauuages en eſtoient eſtonnez: car ils fuient ſoubs le trauail, leur témoignant quelquefois que i'auois grãd froid, ils me difoient, donne tes mains que nous voyons fi tu dis vray, & les trouuans toutes glacées, touchez de compaffion ils me donnoient leurs mitaines échauffées, & prenoient les miennes toutes froides: iufque là que mõ hofte apres auoir experimenté cecy plufieurs fois, me dit *Nicanis* n'hyuerne plus auec les Sauuages, car ils te tueront; il vouloit dire, comme ie penfe, que ie tõberois malade & que ne pouuant eftre traifné auec le bagage, qu'on me feroit mourir, ie me mis à rire, & luy reparty qu'il me vouloit épouuenter.

La cabane eftant faite, ou fur la nuit, ou vn peu deuant, on parloit de difner & de fouper tout enfemble: car fortant le matin apres auoir mangé vn petit morceau, il falloit auoir patience qu'on fut arriué & que l'hoftellerie fuft faite pour y loger, & pour y manger, mais le pis eftoit que ce iour là nos gens n'allans point ordinairement à la chaffe, c'eftoit pour nous vn iour de ieufne auffi bien qu'vn iour de trauail. C'eft trop retarder venons à noftre ftation.

Nous quittafmes les riues du grand fleuue le 12. de Nouembre, comme i'ay desia dit, & vinſmes cabaner pres d'vn torrent, faiſans chemin à la façon que ie viens de dire, chacun portant ſon fardeau. Tous les Sauuages ſe mocquoient de moy de ce que ie n'eſtois pas bon cheual de male, me contentant de porter mon manteau qui eſtoit aſſez peſant, vn petit ſac où ie mettois mes menuës neceſſitez & leurs gauſſeries, qui ne me peſoient pas tant que mon corps, voila ma charge : mon hoſte & l'Apoſtat portoient ſur des baſtons croiſez en forme de brancard la femme du Sorcier qui eſtoit fort malade, ils la mettoient ſur la neige en attendant que la cabane fut faite, où elle paſſoit plus de trois heures ſans feu, & ſans iamais ſe plaindre, & ſans monſtrer aucun ſigne d'impatience, ie me mettois plus en peine d'elle qu'elle meſme : car ie criois ſouuent qu'on fit faire pour le moins vn peu de feu auprès d'elle, mais la réponſe eſtoit qu'elle ſe chaufferoit la cabane eſtant faite : ces barbares ſont faits à ces ſouffrances, ils s'attédent bien que s'ils tombent malades qu'on les traittera à meſme monnoye. Nous ſeiournaſmes trois iours en ceſte ſtation, pendant leſquels voicy vne partie des choses que i'ay marqué dans mon memoire.

C'est icy que les Sauuages consulterent les genies du iour, en la façon que j'ay couché au Chapitre quatriesme: or comme ie m'estois ris de ceste superstition, & qu'à toutes les occasions qui se rencontroient, ie faisois voir que les mysteres du Sorcier n'estoient que ieux d'enfans, m'efforçant de luy rauir ses oüailles pour les rendre auec le temps à celuy qui les a rachetées au prix de son sang, cét homme forcené fit le iour d'apres ceste consulte, que ie vay décrire.

Mō hoste ayāt inuité au festin tous les Sauuages nos voisins, comme ils estoiēt desia venus, & assis à l'entour du feu & de la chaudiere, attendans l'ouuerture du banquet, voila que le Sorcier qui estoit couché vis à vis de moy se leue tout à coup, n'ayant point encor parlé depuis la venuë des conuiez, il paroist tout furieux, se iettant sur vne des perches de la cabane pour l'arracher, il la rompt en deux pieces, il roule les yeux en la teste, regardant çà & là comme vn homme hors de soy, puis enuisageant les assistans, il leur dit *Iriniticou nama Nitirinisiu*, ô hommes i'ay perdu l'esprit, ie ne sçay où ie suis, esloignez de moy les haches & les espées, car ie suis hors du sens. A ces paroles tous les Sauuages baissent les yeux en terre, & ie les leue au ciel, d'où i'attendois secours, me figurant que cét homme faisoit l'enragé pour se vanger de moy, en m'ostant la vie, ou du moins pour m'épouuenter, afin de me reprocher par apres que mon Dieu me manquoit au besoin, & de publier parmy les siens, qu'ayant si souuent témoigné que ie ne craignois pas leur *Manitou*, qui les fait trembler, ie pallissois deuant vn homme. Tant s'en faut que la peur qui dans les dangers d'vne mort naturelle me faisoit quelquefois rentrer dans moy-mesme, me saisit pour lors, qu'au contraire i'enuisageois ce forcené auec autant d'asseurance que si i'eusse eu vne armée à mes costez, me representant que le Dieu que i'adorois pouuoit lier les bras aux fols & aux enragez aussi bien qu'aux demons: qu'au reste si sa Majesté me vouloit ouurir les portes de la mort, par les mains d'vn homme qui faisoit l'endiablé, que sa Prouidence estoit tousiours aymable. Ce Thrason redoublant ces fougues fit mille actions de fol, d'ensorcelé, de demoniaque, tantost il crioit à pleine teste, puis il demeuroit tout court comme épouuanté: il faisoit mine de pleurer, puis il s'éclattoit de rire comme vn diable follet, il chantoit sans regles ny sans mesures, il sifloit comme vn serpent, il hurloit comme vn loup, ou comme vn chien, il faisoit du hibou & du chathuan, tournant les yeux tout effarez dedans sa teste, prenant mille postures, faisant tousiours semblant de chercher quelque chose pour la lancer, i'attendois à tous coups qu'il arrachast quelque perche pour m'en assommer, ou qu'il se iettast sur moy, ie ne laissay pas neantmoins pour luy monstrer que ie ne m'estonnois pas de ses diableries, de faire toutes mes actions à l'ordinaire de lire, d'écrire, de faire mes petites prieres, & l'heure de mon sommeil estant venuë ie me couchay & reposay aussi paisiblement dans son sabbat comme i'eusse fait dans vn profond silence, i'estois déja aussi accoustumé de m'endormir à ses cris, & à ses bruits de tambour, qu'vn enfant aux chansons de sa nourrisse.

Le lendemain au soir à mesme heure il sembla vouloir entrer dans les mesmes fougues, & donner vne autrefois l'alarme au camp, disant qu'il perdoit l'esprit, le voyant desia demy fol, il me vint vne pensée qu'il pourroit estre trauaillé de quelque fiévre chaude, ie l'aborde & luy prens le bras pour luy toucher l'artere, il me regarde affreusemét, faisant de l'estöné, comme si ie luy eusse apporté des nouuelles de l'autre monde, il roule les yeux çà & là comme vn insensé : luy ayant touché le poulx & le front ie le trouuay frais comme vn poisson, & aussi éloigné de la fiévre comme i'estois de France, cela me confirma dans mon opinion qu'il faisoit de l'enragé pour m'estonner, & pour tirer à compassion tous ses gens qui dans nostre disette luy donnoient ce qu'ils pouuoient auoir de meilleur.

Le 20. du mesme mois de Nouembre ne se trouuans plus de Castors, ny de Porcs-espics en nostre quartier, nous tirasmes pays, & ce fut nostre deuxiesme station, on porta la femme du Sorcier sur vn brancart, & la mit-on, comme i'ay desia dit, dessus la neige en attendant que nostre palais fût dressé, ce pendant ie m'approchay d'elle luy témoignant beaucoup de compassion : il y auoit desia quelques iours que ie taschois de gagner son affection, afin qu'elle me prestast plus volontiers l'oreille, cognoissant bien qu'elle ne pouuoit pas viure long-temps, car elle estoit comme vne squelette, n'ayant quasi plus la force de parler, quand elle appelloit quelqu'vn la nuit, ie me leuois moy mesme, & l'éueillois, ie luy faisois du feu, ie luy demandois ce dont elle auoit besoin, elle me cōmandoit de petites chosettes, comme de fermer les portes ou boucher quelque trou de la cabane qui l'incōmodoit, apres ces menus discours & offices de charité, ie l'abordạy, & luy demāday si elle ne vouloit pas bien croire en celuy qui a tout faict, & que son ame apres sa mort seroit bien-heureuse. Au commencement elle me répondit qu'elle n'auoit point veu Dieu, & que ie luy fisse voir, autrement qu'elle ne pouuoit croire en luy, elle auoit tiré ceste réponse de la bouche de sō mary, Ie luy repartis qu'elle croyoit plusieurs choses qu'elle ne voyoit pas, & qu'au reste son ame seroit bruslée pour vne eternité si elle n'obeissoit à celuy qui a tout fait; elle s'adoucit petit à petit, & me témoigna qu'elle luy vouloit obeïr, ie n'osois l'entretenir long temps, mais seulement par reprises, ceux qui me voyoient me crians que ie la laissasse.

Sur le soir estás tous dãs nostre nouuelle cabane, ie m'approchay d'elle, l'appellant par son nom, iamais elle ne me voulut parler en la presence des autres, ie priay le Sorcier de luy dire qu'elle me répondist, & de m'ayder à l'instruire, luy representant qu'il ne pouuoit arriuer que du bien de ceste action, il me répond non plus que la malade, ie m'addresse à l'Apostat le pressant auec de tres humbles prieres de me prester sa parole, point de répõse; ie retourne à la malade, ie l'appelle, ie luy parle, ie luy demande si elle ne vouloit pas aller au Ciel, à tout cela pas vn mot: Ie solicite de rechef le Sorcier son mary, ie luy promets vne chemise & du petun, pourueu qu'il dise à sa femme qu'elle m'écoute, comment veux-tu, me dit-il, que nous

croyõs en ton Dieu ne l'ayãs iamais veu?
ie t'ay defia refpondu à cela, luy fif-je, il
n'eſt pas temps de difputer, cette ame fe
va perdre pour vn iamais fi tu n'en as pitié: Tu vois bien que celuy qui a faict le
Ciel pour toy, te veut donner de plus
grands biens, que d'aller manger des ef-
corces en vn village qui ne fut iamais,
mais auſſi te punira il feuerement fi tu ne
crois en luy, & fi tu ne luy obeis. Ne pouuant tirer aucune raifon de ce miferable
homme, ie preſſay encor vne fois la malade, mon hofte me l'entendant nommer
par fon nom me tança, tais toy me dit-il,
ne la nomme point, elle eſt defia morte,
fon ame n'eſt plus dans fon corps. C'eſt
vne grande verité que perfonne ne va à
IESVS-CHRIST que fon pere ne luy
tende la main, c'eſt vn grãd prefent que
la foy, quãd ces pauures Barbares voyẽt
qu'vn pauure malade ne parle plus, ou
qu'il tombe en fyncope, ou en quelque
phrenefie, ils difent que fon efprit n'eſt
plus dans fon corps, fi le malade retourne en fon bon fens, c'eſt l'efprit qui eſt de
retour: en fin quand il eſt mort il n'en
faut plus parler, ny le nommer en aucune façon: pour conclurre ce point, il

me falluſt retirer ſans rien faire.

On tint conſeil en ce lieu de ce qu'on deuoit faire pour trouuer à manger, nous eſtions deſia reduits à telle extremité que ie faiſois vn bon repas d'vne peau d'anguille boucannée, que ie iettois aux chiens quelques iours auparauant. Deux choſes me toucherent ici le cœur: jettant vne fois vn os, ou vne arreſte d'anguille aux chiens, vn petit garçon fut plus habile que le chien, il ſe jetta ſur l'os & le rongea & mangea: vne autre fois vn enfant ayant demandé à manger, comme on luy euſt reſpõdu qu'il n'y en auoit point, ce pauure petit s'en prit à ſes yeux, les larmes rouloient ſur ſa face groſſes comme des pois, & ſes ſouſpirs & ſes ſanglots me touchoient de compaſſion, encor taſchoit il de ſe cacher: c'eſt vne leçon qu'on fait aux enfans de ſe monſtrer courageux dans la famine.

Le 28. du meſme mois, nous decampaſmes pour la troiſieſme fois, il neigeoit fort, mais la neceſſité nous preſſant le mauuais temps ne peut nous arreſter. Ie fus bien eſtonné en cette troiſieſme demeure que ie ne vis point apporter la malade, ie n'oſois demander ce qu'elle eſtoit

estoit deuenuë, car ils ne veulent pas qu'on parle des morts: sur le soir i'accostay le Renegat, ie luy demanday parlant François où estoit ceste pauure femme, s'il ne l'auoit point tuée, voyant qu'elle s'en alloit mourir, cõme il auoit autrefois assommé à coups de bastons vne pauure fille qui tiroit à la mort, ainsi que luy mesme l'auoit raconté à nos François. Non, dit-il, ie ne l'ay pas tuée: qui donc, luy fis ie, est-ce le ieune Hiroquois ? Nenny, me répond-il, car il est party de grand matin: c'est donc mon hoste, ou le Sorcier son mary; car elle parloit encor quand ie suis sorty ce matin de la cabane, il baissa la teste, m'aduoüãt tacitement que l'vn des deux l'auoit mise à mort: vn vieillard m'a ceneãtmoins dit depuis, qu'elle mourut de sa mort naturelle vn peu apres que ie fus party, ie m'en rapporte à ce qui en est, quoy que s'en soit ayant refusé de recognoistre le Fils de Dieu pour son Pasteur pendant sa vie, il n'est que trop probable qu'il ne l'a pas recogneuë pour vne de ses oüailles apres sa mort.

I'ay remarqué iusques icy de trois sortes de medecines naturelles parmy les

R

Sauuages, l'vne c'est leur suërie, dont i'ay parlé cy-dessus, l'autre consiste à se taillader legerement la partie du corps qui leur fait mal, la mettant toute en sang qu'ils font sortir de ces decoupeures en assez grande abondance, ils se seruirent vne fois de mon canif pour taillader la teste d'vn enfant de dix iours. La troisiesme de ces medecines est composée de racleure d'écorces interieures de bouleau, du moins cet arbre me sembloit tel, ils font boüillir ces racleures dans de l'eau, qu'ils boiuent par apres pour se faire vomir, ils m'ont souuent voulu donner ceste potion pendant que i'estois malade, mais ie ne la iugeois pas à mon vsage.

Le iour de sainct François Xauier, nostre pretendu Magicien ayant sur le soir battu son tambour, & bien hurlé à l'ordinaire, car il ne manquoit point de nous donner ceste aubade toutes les nuits à nostre premier sommeil, voyant que tout le monde estoit endormy, & cognoissant que ce pauure homme faisoit ce tintamare pour sa guarison. I'entray en discours auec luy, ie commençay par vn témoignage de grand amour en son endroit, & par des loüanges que ie luy iettay comme vne amorce pour le prendre dans les filets de la verité. Ie luy fis entendre que si vn esprit capable des choses grandes comme le sien cognoissoit Dieu, que tous les Sauuages induis par son exemple le voudroient aussi cognoistre, aussi tost il prit l'essor, & se mit à declarer la puissance, l'authorité & le credit qu'il a sur l'esprit de ses compatriotes, il dit que dés sa ieunesse les Sauuages luy donnerent le nom de *Khimouchouminau*, c'est à dire nostre ayeul & nostre maistre, que tout passe par ses aduis, & que chacun suit ses conseils, ie l'aydois à se loüer le mieux que ie pouuois : car il est vray qu'il a de belles parties pour vn Sauuage : enfin ie luy dis que ie m'estonnois qu'vn homme de iugement ne peut recognoistre le peu de rapport qu'il y a entre ce tintamare & la santé. Quand tu as bien crié & bien battu ton tambour, que fait ce bruit sinon de t'estourdir la teste, pas vn Sauuage n'est malade, qu'on ne luy batte les oreilles de ce tambour, afin qu'il ne meure point, en as-tu veu de dispensez de la mort ; ie te veux faire

R ij

vne proposition : Escoute moy patiemment, luy dis-ie, bas ton tambour dix iours durant, chante & faits chanter les autres tant que tu voudras, fais tout ce qui sera en ton possible pour recouurer ta santé, si tu n'en guary dans ce temps-là, confesse que ton tintamare, que tes hurlemens, & que tes chansons ne te sçauroient remettre en santé, abstiens toy dix autres iours de toutes ces superstitions, quitte ton tambour, & tous ces bruits dereglez, demande au Dieu que i'adore, qu'il te donne sa cognoissance, pense & crois que ton ame doit passer à vne autre vie que celle-cy, efforce toy d'aymer son bien côme tu ayme le bien de ton corps, & quand tu auras passé ces dix autres derniers iours en ceste façon, ie me retireray trois iours durant en oraison dans vne petite cabane qu'on fera plus auant dans le bois, là ie prieray mon Dieu qu'il te donne la santé du corps & de l'ame, toy seul me viendras voir au temps que ie diray, & tu feras de tout ton cœur les prieres que ie t'enseigneray ; promettant à Dieu que s'il luy plaist de te rendre la santé, tu appelleras tous les Sauuages de ce lieu, & en leur presence tu brusleras ton tambour, & toutes les autres badineries dont tu te sers pour les amasser, que tu leur diras que le Dieu des Chrestiens est le vray Dieu, qu'ils croyét en luy, & qu'ils luy obeïssent, si tu promets cecy veritablement & de cœur, i'espere que tu seras deliuré de ta maladie, car mon Dieu est tout puissant.

» Or comme cét homme est tres desireux de recouurer sa santé, il ouurit les oreilles, & me dit, ton discours est fort bon, i'accepte les conditions que tu me donne; mais commence le premier, retire toy en oraison, & dis à ton Dieu qu'il me guarisse, car c'est par là qu'il faut commencer, & puis ie feray tout ce que tu m'as prescrit: ie ne cõmenceray point, luy reparty-ie, car si tu estois guary, pendant que ie prierois tu attribuerois ta santé à ton tambour, que tu n'aurois pas quitté; & non pas au Dieu que i'adore, lequel seul te peut guarir; non, me dit-il, ie ne croiray pas que cela vienne de mon tambour, i'ay chanté & fait tout ce que ie sçauois, & n'ay peu sauuer la vie à pas vn; moy-mesme estãt malade ie fais ioüer pour me guarir tous les ressorts de mon art, & me voila plus mal que iamais ; i'ay employé toutes mes inuentions pour sauuer la vie à mes enfans, notamment au dernier qui est mort depuis peu, & pour conseruer ma femme qui vient de trespasser, tout cela ne m'a point reüssi, & partant si tu me guaris, ie n'attribueray point ma santé à mon tambour, ny à mes chansons. Ie luy répondis que ie ne pouuois pas le guarir ; mais que mon Dieu pouuoit tout, qu'au reste il ne falloit point faire de marché auec luy, ny luy prescrire des conditions comme il faisoit, disant qu'il me guarisse premierement, & puis ie croiray en luy : dispose toy, luy fis ie, de ton costé, & sa bonté ne te manquera pas, que s'il ne te donne la santé du corps, il te donnera la santé de l'ame qui est incomparablement plus à priser. Ne me parle point de l'ame, me repart-il, c'est de quoy ie ne me soucie pas : voila (me monstrant sa chair) ce que i'ayme, c'est le corps que ie cheris, pour l'ame ie ne la voy point, en arriue ce qui pourra. As tu de l'esprit, luy fis-ie ? tu parle comme les bestes, les chiens n'ayment que les corps ; celuy qui a fait le Soleil pour t'éclairer, n'a-il rien preparé de plus grand à ton ame, qu'à l'ame d'vn chien? Si tu n'ayme que ton corps tu perdras le corps & l'ame, si vne beste pouuoit parler elle ne parleroit que de son corps & de sa chair, n'as-tu rien par dessus les bestes qui sont faites pour te seruir? n'ayme-tu que la chair & le sang? ton ame est-elle l'ame d'vn chien que tu la traite auec vn tel mépris? peut estre que tu dis vray, me répond-il, & qu'il y a quelque chose de bon en l'autre vie: mais nous autres en ce pays-cy n'en sçauons rien, que si tu me rends la santé ie feray ce que tu voudras. Ce pauure miserable ne peut iamais releuer sa pensée plus haut que la terre : ne voyant donc aucune disposition en cét esprit superbe, qui croyoit pouuoir obliger Dieu, s'il croyoit en luy, ie le quittay pour lors, & me retiray pour reposer, car il estoit bien auant dans la nuit.

Le 3. de Decembre nous cōmençasmes nostre quatriesme station, ayans délogé sans trompette, mais non pas sans tambour : car le Sorcier n'oublioit iamais le sien , nous plantasmes nostre camp proche d'vn fleuue large & rapide, mais peu profond, ils le nomment *Capitnetchionetz*, il se va dégorger dans le grand fleuue de sainct Laurens, quasi vis à vis de Tadouſſac, nos Sauuages n'ayans point icy de viandes pour faire des festins, ils faiſoient des banquets de fumée, s'inuitans les vns les autres, dans leurs cabanes, & faiſans la ronde à vn petit plat de terre remply de Tabac, chacun en prenoit vne cornetée qu'il reduiſoit en fumée, remettant la main au plat s'il vouloit petuner dauantage: l'affection qu'ils portent à ceſte herbe eſt au delà de toute creance, ils s'endormét le cabanet en la bouche, ils se leuent par fois la nuit pour petuner, ils s'arreſtent ſouuent en chemin pour le meſme ſujet, c'eſt la premiere action qu'ils font rentrant dans leurs cabanes: ie leur ay battu le fuſil pour les faire petuner en ramants dans vn canot, ie leur ay veu ſouuent manger le baſton de leur calumet, n'ayans plus de petun, ie leur ay veu racler & puluerifer vn calumet de bois pour petuner, diſons auec compaſſion qu'ils paſſent leur vie dans la fumée, & qu'ils tombent à la mort dans le feu.

I'auois porté du petun auec moy, non pour mõ vsage, car ie n'en prends point, i'en donnay largement selon que i'en auois à plusieurs Sauuages; m'en reseruant vne partie pour tirer de l'Apostat quelque mot de sa langue; car il ne m'eust pas dit vne parole qu'en le payãt de ceste monnoye, quand nos gens eurent consommé ce que ie leur auois donné, & ce qu'ils auoient en leur particulier, ie n'auois plus de paix, le Sorcier me pressoit auec vne importunité si audacieuse, que ie ne le pouuois souffrir, tous les autres sembloient me vouloir manger, quand ie leur en refusois: i'auois beau leur dire qu'ils n'auoient point de consideration, que ie leur en auois plus donné trois fois que ie ne m'estois reserué; vous voyez, leur disois-ie, que i'ayme vostre langue, & qu'il faut que ie l'achepte auec cét argent, que s'il me manque on ne m'enseignera pas vn mot, vous voyez que s'il me faut vn verre d'eau, il faut que i'en aille chercher bien loing, ou que ie dõne vn bout de petun à vn enfant pour m'en aller querir; vous me dites que le petun rassasie, si la famine qui nous presse cõtinuë, i'en veux faire l'experience, laissez moy ce peu que i'ay de reserue, il me fut impossible de resister à leur importunité, il fallut tirer iusques au bout, ce ne fut pas sans estonnement de voir des personnes si passionnées pour de la fumée.

Le sixiesme du mesme mois, nous délogeasmes pour la cinquiesme fois, il m'arriua vne disgrace au départ, au lieu de prédre le vray chemin, ie me iettay dans vn autre que nos chasseurs auoient fort battu, ie vay donc fort loing sans prendre garde que ie me perdois, ayant fait vne longue traitte, ie m'apperceu que mon chemin se diuisoit en cinq ou six autres, qui tiroient qui deçà, qui delà, me voila demeuré tout court, il y auoit vn petit enfant qui m'auoit suiuy, ie ne l'osois quitter, car aussi-tost il se mettoit à pleurer, i'enfilay tantost l'vn, tantost l'autre de ces sentiers, & voyant qu'ils tournoient çà & là, & qu'ils n'estoient marquez que d'vne sorte de raquette, ie concluds que ces chemins ne conduisoient point au lieu où mes Sauuages alloient cabaner, ie ne sçauois que faire du petit garçon: car s'estant apperceu de nostre erreur il ne m'osoit perdre de veuë sans se pasmer ; d'ailleurs n'ayant qu'enuiron six ans il ne me pouuoit pas suiure, car ie doublois mes pas : ie m'aduisay de luy laisser mon manteau, pour marque que ie retournerois, si ie trouuois nostre vray chemin, luy faisant signe qu'il m'attendist, car nous ne nous attendions pas l'vn l'autre: ie iettay donc mon manteau sur la neige, & m'en reuay sur mes brisées criant de temps en temps pour me faire entendre de nos gens, si tant est que le bon chemin ne fust pas loing de moy; ie crie, i'appelle dans ces grands bois, personne ne répond, tout est dans vn profond silence, les arbres mesme ne faisoient aucun bruit, car il ne faisoit point de vent : le froid estoit si violent que ie m'attendois infailliblemēt de mourir la nuit au cas qu'il me la fallust passer sur la neige, n'ayant ny hache ny fusil pour faire du feu, ie vay, ie viens, ie tourne de tous costez, ie ne trouue rien qui ne m'égare dauantage : la derniere chose que l'homme quitte c'est l'esperance, ie la tenois tousiours par vn petit bout, me figurant à toute heure que i'allois trouuer mon chemin ; mais enfin apres auoir bien tourné, voyant que les creatures ne me pouuoient donner aucun secours, ie m'arréftay pour preséter mes petites prieres au Createur dont ie voyois ces grands bois tout remplis auſſi bien que le reſte du monde : il me vint vne penſée que ie n'eſtois pas perdu, puis que Dieu ſçauoit bien où i'eſtois, & ruminant ceſte verité en mon eſprit, ie tire doucement vers le fleuue que i'auois trauerſé au ſortir de la cabane, ie crie, i'appelle de rechef, tout le monde eſtoit deſia bien loing ; ie commençois deſia à laiſſer cheoir de mes mains le petit filet de l'eſperance que i'auois tenu iuſques alors, quand i'aduiſay quelques veſtiges de raquette derriere des brouſſailles, ie m'y tranſporte, *& vidi veſtigia virorum, & mulierum & infantium*, en vn mot ie trouue ce que i'auois cherché fort long-temps, au commencement ie n'eſtois pas aſſeuré que c'eſtoit là vn bon chemin, voila pourquoy ie me diligentay de le recognoiſtre : eſtant deſia bien auancé ie trouue l'Apoſtat qui nous venoit chercher, il me demanda où eſtoit ce petit enfant, ie luy repars que ie l'auois laiſſé auprès de mon manteau : i'ay, me dit-il, trouué voſtre manteau & l'ay reporté à la nouuelle cabane; mais ie n'ay point veu l'enfant : me voila bien eſtonné, de l'aller chercher, c'eſtoit me perdre vne autre fois; ie prie l'Apoſtat d'y aller, il fit la ſourde oreille, ie tire droit à la cabane pour en donner aduis, où enfin i'arriuay tout briſé & tout moulu pour la difficulté & pour la longueur des chemins que i'auois fait ſans trouuer hoſtellerie que des ruiſſeaux glacez : ſi toſt que les Sauuages me virent, ils me demandent où eſtoit le petit garçon, crians que ie l'auois perdu, ie leur raconte l'hiſtoire, les aſſeurants que ie luy auois laiſſé tout exprez mon manteau pour l'aller retrouuer, mais ayant quitté ce lieu là, ie ne ſçauois où l'aller chercher, veu meſmement que ie n'en pouuois plus, n'ayant point mangé depuis le grand matin, & deux ou trois bouchées de boucan tant ſeulement, on me donna pour reconfort vn peu d'eau glacée, que ie fis chauffer dans vn chaudron fort ſale ; ce fut tout mon ſouper ; car nos chaſſeurs n'ayans rien pris il fallut ieuſner ce iour là.

Pour l'enfant, deux femmes m'ayans ouy depeindre l'endroit où ie l'auois laissé, coniecturant où il auoit tiré, l'allerent chercher, & le trouuerent. Il ne faut pas s'estonner si vn François se perd quelquesfois dans ces forests, i'ay veu de nos plus habiles Sauuages s'y esgarer plus d'vn iour entier.

Le 20. de Decembre, quoy que les Sauuages ne se mettent pas ordinairement en chemin pendant le mauuais temps, si fallut-il decabanner durant la pluye, & desloger à petit bruit sans desieuner, la fin nous faisoit marcher, mais le mal est, qu'elle nous suiuoit par tout où nous allions; car nous ne trouuions par tout, ou fort peu, ou point de chasse: En ceste station, qui fut la sixiesme, le Renegat me vint dire que les Sauuages estoient fort espouuantez, & mon hoste m'abordant tout pensif, me demanda si ie ne sçauois point quelque remede à leur mal-heur, il n'y a pas, me disoit-il, assez de neige pour tuer l'Orignac, des Castors, & des Porcs espics, nous n'en trouuôs quasi point, que ferons nous? ne sçais tu point ce qui nous doit arriuer? ne sens tu point dans toy-mesme ce qu'il

en l'année 1634. 271

faut faire? Ie luy voulus dire que nostre Dieu estoit tres-bon, & tres puissant, qu'il falloit que nous eussions recours à sa misericorde, mais cōme ie ne parlois pas bien, ie priay l'Apostat de me seruir de truchement; ce miserable est possedé d'vn diable muet, iamais il ne voulut parler.

Le 24. Decembre, veille de la naissance de nostre Sauueur, nous decampasmes pour la septiesme fois, nous partismes sans manger, nous cheminasmes vn assez long temps; nous trauaillasmes à faire nostre maison, & pour nostre souper N.S. nous donna vn Porc-espic gros comme vn cochon de lait, & vn liéure, c'estoit peu pour dix-huict ou vingt personnes que nous estions, il est vray, mais la saincte Vierge & son glorieux Espoux sainct Ioseph, ne furent pas si bien traictez à mesme iour dans l'estable de Bethleem.

Le l'endemain iour de resiouyssance parmy les Chrestiens, pour l'enfant nouueau né, fust pour nous vn iour de iesune, on ne me donna rien du tout à manger; la faim qui fait sortir le loup du bois, m'y fit entrer plus auant, pour chercher des petits bouts d'arbres que ie mageois auec delices, des femmes ayant ietté aux chiens par mesgarde ou autrement, quelques rongneures de peaux dont on fait les cordes des raquettes, ie les ramassay, & en fis vn bon disner, quoy que les chiens mesmes, quand ils auoient tant soit peu à manger, n'en voulussent pas gouster: I'ay souuent mangé, notamment ce mois cy, des raclures d'escorces, des rongneures de peaux, & autres choses semblables, & cependant ie ne m'en suis point trouué mal.

Le mesme iour de Noël ie m'en allay sur le soir visiter nos voisins, nous n'estions plus que deux cabanes, celle du Sauuage Ekhenneabamate auoit tiré d'vn autre costé depuis cinq ou six iours, à raison qu'il n'y auoit pas assez de chasse pour nourrir tout le monde, ie trouuay deux ieunes chasseurs tout tristes, pour n'auoir rien pris ce iour là, ny le precedent, ils estoient comme tous les autres maigres & defaits, taciturnes & fort pensifs, comme gens qui ne pouuoient mourir qu'à regret, cela me toucha le cœur, apres leur auoir dit quelque parole de consolation, & donné quelque

que esperance de chose meilleure, ie me retiray en ma cabane pour prier Dieu, l'Apostat me demāda quel iour il estoit? il est auiourd'huy la feste de Noël, luy respondis-je; Il fut vn peu touché, & se tournant vers le Sorcier, il luy dit, qu'à tel iour estoit né le Fils de Dieu que nous adorions nommé IESVS: Remarquant en luy quelque estonnement, ie luy dis que Dieu vsoit ordinairement de largesse en ces bons iours, & que si nous auions recours à luy qu'il nous assisteroit infailliblement; à cela point de parole, mais aussi point de contrarieté: prenant donc l'occasion au poil, ie le priay de me tourner en sa langue deux petites Oraisons, dont i'en dirois l'vne, & les Sauuages l'autre. Esperant que nous serions secourus, l'extremité où nous estions reduits luy fit accorder que de bond, que de volée ce que ie demandois. Ie composay sur l'heure deux petites prieres, qu'il me tourna en Sauuage, me promettant en outre qu'il me seruiroit d'interprete si i'assemblois les Sauuages, me voila fort content. Ie recommande l'affaire à N. S. & le lendemain matin ie dresse vn petit Oratoire, ie pends aux

S

perches de la cabane vne seruiette que i'auois portée, sur laquelle i'attachay vn petit Crucifix & vn Reliquaire, que deux personnes fort Religieuses m'ont enuoyé: ie tire encore quelque Image de mon Breuiaire, cela fait ie fais appeller tous les Sauuages de nos deux cabanes, & ie leur fais entendre tant par mon begayemét, que par la bouche d'vn Renegat, que la crainte de mourir de faim faisoit parler, qu'il ne tiendroit qu'à eux qu'ils ne fussent secourus, ie leur dis que nostre Dieu est la bonté mesme, que rien ne luy estoit impossible, qu'encore bien qu'on l'eust mesprisé, que si neantmoins on croyoit, & si on esperoit en luy d'vn bon cœur, qu'il se monstreroit fauorable : Or comme ces pauures gens n'auoient plus d'esperance en leurs arcs, ny en leurs flesches, ils me tesmoignerét vn grand contentement de ce que ie les auois assemblez, m'asseurant qu'ils feroient tout ce que ie leur commanderois; ie prens mon papier & leur lis l'Oraison que ie desirois qu'ils fissent, leur demandant s'ils estoient contens d'addresser au Dieu que i'adorois ces paroles de tout leur cœur, & sans feintise; ils me respondent tous *nimiroüeritenan*, *nimiroüeritenan*, nous en sommes côtens, nous en sômes contens. Ie me mets le premier à genoux, & eux tous auec moy, iettans les yeux sur nostre petit Oratoire, le seul Sorcier demeuroit assis, mais luy ayant demandé s'il n'en vouloit pas estre aussi bien que les autres, il fit comme il me voyoit faire, nous estions testes nuës, ioignans tous les mains & les esleuans vers le Ciel, ie commençay donc à faire ceste Oraison tout haut en leur langue.

Mon Seigneur qui auez tout fait, qui voyez tout, & qui cognoissez tout, faites nous misericorde. O IESVS, fils du Tout-puissant, qui auez pris chair humaine pour nous, qui estes né pour nous d'vne Vierge, qui estes mort pour nous, qui estes resuscité & monté au Ciel pour nous, vous auez promis que si on demandoit quelque chose en vostre nom que vous l'accorderiez : ie vous supplie de tout mon cœur de donner la nourriture à ce pauure peuple, qui veut croire en vous, & qui vous veut obeïr, ce peuple vous promet entierement que si vous le secourez qu'il croira parfaitement en vous, & qu'il vous obeïra de tout son cœur, Mon Seigneur, exaucez ma priere, ie vous presente ma vie pour ce peuple tres content de mourir à ce qu'ils viuent, & qu'ils vous cognoissent. Ainsi soit-il.

A ces paroles de mourir pour eux que ie proferois pour gagner leur affection, quoy qu'en effect ie le disois de bon cœur, mon hoste m'arresta & me dit; retranche ces paroles, car nous t'aymons tous, & ne desirons pas que tu meure: ie vous veux témoigner, leur repartis-ie, que ie vous ayme, & que ie donnerois volontiers ma vie pour vostre salut, tant c'est chose grande que d'estre sauué. Apres que i'eus faict ceste Oraison, chacun d'eux à mains iointes, teste nuë, & les genoux en terre, comme i'ay remarqué, profera la suiuante, que ie prononçois deuant-eux fort posément.

Grand Seigneur qui auez fait le ciel & la terre, vous sçauez tout, vous pouuez tout, ie vous promets de tout mon cœur (ie ne sçaurois vous mentir) ie vous promets entierement, que s'il vous plaist nous donner nostre nourriture, que ie vous obeïray cordiallement, que ie croiray asseurément en vous, ie vous

promets sans feintise, que ie feray tout
ce qu'on me dira deuoir estre fait pour
vostre amour, aydez nous, vous le pouuez faire, ie feray asseurément ce qu'on
m'enseignera deuoir estre fait pour l'a-
mour de vous, ie le promets sans feintise, ie ne ments pas, ie ne sçaurois vous
mentir, aydez nous à croire en vous parfaictement, puis que vous estes mort
pour nous. Ainsi soit il.

Ils firent tous ceste priere, & l'Apostat & le Sorcier aussi bien que les autres, c'est à Dieu de iuger de leurs cœurs,
ie leur dis apres cela qu'ils s'en allassent
à la chasse auec confiance, ce qu'ils firent, la plus part témoignans par leur visage & par leurs paroles qu'ils auoient
pris plaisir en ceste action ; mais auant
que d'en voir le succez couchons en
leur langue ces deux Oraisons, afin
qu'on voye l'œconomie de leurs paroles, & leur façon de s'énoncer.

Noukhimame missi ca khichitaien missi,
Mon Capitaine tout qui as fait tout,
khesteritamen missi, ouabatamen chaoueri-
qui sçais tout, qui vois, aye pitié
minan. Iesus oucouchichai missi ca nitaouilât
de nous, Iesus Fils tout qui a faict

Niran ca outchi, arichiirinicafouien, niran
de nous qui à cause es fait hôme de nous
ca outchi, iriniouien ifcouechich, niran ca
qui à cause es né d'vne fille de nous, qui
outchi nipien, niran ca outchi ouafcoukhi,
à cause es mort de no⁹, qui à cause au ciel
itoutaten; egou khifitate, nitichenicaſſouiniki,
es allé ainſi tu diſois en mon nom
khegoueia netou tamagaouian niga chaoueri-
quelque choſe ſi ie ſuis requis i'é auray pi-
kan, khitaia mihitin naſpich ou mitchimi,
tié, ie te prie entierement la nourriture
a richiriniou miri, ca ouitapouetaſc,
à ce peuple dône qui veux croire en toy,
ca ouipamitaſc, arichiriniou khiticou
qui te veux obeyr, ce peuple te dit
naſpich, ouitchihien khigatapouetatin
entierement, ſi tu m'ayde ie te croyray
naſpich, khiga pamtatim naſpich, Nou-
parfaitemẽt ie t'obeïray entieremẽt mon
khimame chaoueritamitaouitou oui
Capitaine aye pitié de ce que ie dis, ſi tu
michoutchi nipouſin, iterimien
veux en contrechâge ma mort penſer
ouirouau mag iriniouiſonan, egou inouſin.
quant à eux qu'ils viuent, ainſi ſoit-il.

Voicy celle qu'ils prononcerent.

en l'année 1634.

Khicheoukhiman ca khichitaien ouascou,
Grand Capitaine qui as faict le Ciel
mag asti, missi khikhisteriten, missi khi-
& la Terre tout tu sçais toute chose, tu
picoutan, khititin naspich, tanté
fais bien ie te dis entierement comment
bona oukhiran ? khititin naspich, oui mi-
pourrois-je mêtir ? ie te dis sãs feintise si
riatchi nimitchiminan, ochitau
tu no⁹ veux dõner nostre nourriture tout
tapoué khiga pamitatin, ochitau,
expres asseurement ie t'obeïray tout ex-
tapoué khiga tapouetatin, khititin
pres, en verité ie te croiray, ie te le dis
naspich, niga tin missi khé eitigaouané,
entieremét, ie feray tout ce qu'õ me dira
khir khe, outchi khian, ouitchihinan,
de toy à cause ie le feray ayde nous
khiga khi ouitchi hinan, naspich niga
tu nous peux ayder absolument ie feray
tin missi, khé eitigaouané khir khe, outchi
tout ce qu'on me dira de toy à cause
khian, Khititin naspich, nama
ie le feray ie te le dis sans feintise, ie ne
nikhirassin, nama khinita khirassicatin,
mens pas, ie ne te sçaurois mentir,
ouitchihinan khigai tapouetatinan nas-
ayde nous affin que nous te croyons par-

S iiij

Pich ; ouitchibinan mag miſſi irinioua-faictemēt, ayde nous puis de tous les hō-khi, ouetchi nipouané. Egou inouſin. mes à cauſe tu es mort, ainſi ſoit-il.

Nos chaſſeurs ayans fait leurs prieres s'en allerent, qui deça qui delà chercher dequoy manger, mon hoſte & deux ieunes hommes s'en vont voir vne cabane de Caſtors, qu'ils auoient voulu quitter deſeſperans d'y rien prendre, il en prit trois pour ſa part : l'eſtant allé voir apres midy, ie luy en vis prendre vn de mes yeux, ſes compagnons en prirent auſſi ie ne ſçay pas combien, le Sorcier eſtant allé ce iour là a la chaſſe auec vn ſien ieune neueu, prit vn Porc epic, & découurit la piſte d'vn Orignac qui fut depuis tué à coup de fleches, contre l'attente de tous tant qu'ils eſtoient, n'y ayant que fort peu de neige, vn ieune Hiroquois, dont ie parleray cy apres, tua auſſi vn fort beau Porc-epic ; bref chacun prit quelque choſe, il n'y eut que l'Apoſtat qui reuint les mains vuides, le ſoir mon hoſte apportant trois Caſtors, comme il rentroit dans la cabane ie luy tendis la main, il s'en vint tout ioyeux vers moy recognoiſſant le secours de Dieu, & demandant ce qu'il deuoit faire, ie luy dits *Nicanis*, mon bien aymé, il faut remercier Dieu qui nous a assisté; voila bien dequoy, dit l'Apostat, nous n'eussions pas laissé de trouuer cela sans l'ayde de Dieu. A ces paroles ie ne sçais quels mouuemens ne sentit mõ cœur, mais si ce traistre m'eust donné vn coup de poignard, il ne m'eust pas plus attristé, il ne falloit que ces paroles pour tout perdre, mon hoste ne laissa point de me dire qu'il feroit ce que ie voudrois, & il se fust mis en deuoir, si le Sorcier ne se fust point ietté à la trauerse : car l'Apostat n'a point d'authorité parmy les Sauuages, ie voulu attendre le festin qu'on deuoit faire, où tous les Sauuages se deuoient trouuer; afin qu'ayant deuant leurs yeux les presens que nostre Seigneur leur auoit fait, ils fussent mieux disposez à recognoistre son assistance ; mais comme ie vins à leur vouloir parler, le Renegat fasché de ce que luy seul n'auoit rien pris, non seulement ne me voulut pas ayder, ains au contraire il m'imposa silence me commandant tout nettement de me taire ; non feray pas luy dis-ie, si vous estes ingrat les autres ne le feront pas, le Sorcier voyant qu'on estoit assez disposé à m'écouter; croyant que si on me prestoit l'oreille il perdroit autant de son credit, me dit d'vne façon arrogante, tais-toy, tu n'as point d'esprit, il n'est pas temps de parler, mais de manger; ie luy voulu demander s'il auoit des yeux, s'il ne voyoit pas manifestement le seruice de Dieu, mais il ne me voulut pas écouter; les autres qui estoient dans vn profond silence, voyans que le Sorcier m'estoit contraire, n'oserent pas m'inuiter à parler: si bien que celuy qui faisoit le festin se mit à le distribuer, & les autres à manger; voila mes pourceaux qui deuorent le gland sans regarder celuy qui leur abbat, c'est à qui se réioüira dauantage, ils estoient remplis de contentement & moy de tristesse, si fallut-il bien se remettre à la volonté de Dieu, l'heure de ce peuple n'est pas encore venuë.

Cecy se passa le Lundy, le Mercredy suiuant mon hoste & vn ieune chasseur tuerent à coups de fleches l'Orignac dont ils auoient veu les traces, ils en virent d'autres depuis, mais comme il y auoit fort peu de neige ils n'en peurent iamais approcher à la portée de leurs arcs, si tost qu'ils eurẽt ceste proye ils la mirent en pieces, en apportant vne bonne partie dans nos cabannes, & enseuelissans le reste soubs la neige ; voila tout le monde en ioye, on fait vn grand banquet où ie fus inuité, voyant les grandes pieces de chair qu'on donnoit à vn chacun, ie demanday à l'Apostat si c'estoit vn festin à mãger tout, & m'ayant dit qu'ouy, il est impossible, luy repartyie, que ie mange tout ce qu'on m'a donné, si faut-il bien, me répondit-il, que vous le mangiez, les autres sont assez empeschez à manger leur part, il faut que vous mangiez la vostre : ie luy fais entẽdre que Dieu deffendoit ces excez, & que ie ne le cõmettrois point y allast-il de la vie, ce mechant blasphemateur pour animer les autres contre moy, leur dit que Dieu estoit fasché de ce qu'ils auoient à manger : Ie ne dis pas cela, luy repliquay-ie en Sauuage, mais bien qu'il deffend de manger auec excez, le Sorcier me repart, ie n'ay iamais plus grand bien sinon quand ie suis saoul. Or comme ie ne pouuois venir à bout de ma portion, i'inuite vn Sauuage mon voisin d'en prendre vne partie, luy donnant du petun en recompense de ce qu'il mangeoit pour moy, i'en iette vne autre partie secrettement aux chiens, les Sauuages s'en estans doutez par la querelle qui suruint entre ces animaux, se mirent à crier contre moy, disans que ie côtaminois leur festin, qu'ils ne prendroient plus rien, & que nous mourrions de faim, les femmes & les enfans ayans sceu cela, me regardoient par apres comme vn tres-meschant homme, me reprochant auec dedain que ie les ferois mourir, & veritablement si Dieu ne nous eust donné rien de long-temps, i'estois en danger d'estre mis à mort pour auoir commis vn tel sacrilege : voila iusques où s'estend leur superstition, pour obuier à cét inconuenient : les autres fois on me fit ma part plus petite, & encore me dit on que ie n'en mâgeasse sinon que ce que ie voudrois, qu'eux mangeroient le reste, mais sur tout que ie me donnasse bien de garde de rien ietter aux chiens.

Le trentiesme du mesme mois de Decembre, nous decabanasmes, faisans chemin nous passasmes sur deux beaux lacs tout glacez; nous tirions vers l'endroit où estoit la cache de nostre Orignac, qui ne dura guere en ceste huictiesme demeure.

Le Sorcier me demanda si en verité i'aymois l'autre vie que ie luy auois figuré remplie de tous biens, ayant répondu que ie l'aymois en effect; & moy, dit-il, ie la haï : car il faut mourir pour y aller, & c'est dequoy ie n'ay point d'enuie, que si i'auois la pensée & la creance que ceste vie est miserable, & que l'autre est pleine de delices, ie me tuërois moy-mesme pour me deliurer de l'vne, & ioüir de l'autre : Ie luy repars que Dieu nous defendoit de nous tuer, ny de tuer autruy; & que si nous nous faisions mourir nous descendrions dans la vie de malheur, pour auoir contreuenu à ses commandemens : Hé bien, dit il, ne te tuë point toy-mesme, mais moy ie te tuëray pour te faire plaisir, afin que tu ailles au Ciel, & que tu ioüisse des plaisirs que tu dis : Ie me sousris, luy repliquant que ie ne pouuois pas consentir qu'on m'ostast la vie sans pecher : Ie vois bien, me fit-il, en se moquant, que tu n'as pas encore enuie de mourir non plus que moy, non pas repliquay-ie en cooperant à ma mort.

En ce mesme temps nos chasseurs ayans poursuiuy vn Orignac, & ne l'ayans peu prendre, l'Apostat se mit à blasphemer, disant aux Sauuages, le Dieu qui est marry quand nous mangeons, est maintenant bien ayse de ce que nous n'auons pas dequoy disner: & voyant vne autre fois qu'on apportoit quelques Porcs-espies, Dieu, disoit-il, se va fascher de ce que nous nous saoulerons. O langue impie que tu seras chastié! esprit brutal que tu seras confus, si Dieu ne te fait misericorde! que les Anges & les sainctes Ames redoublent autant de fois leur Cantique d'honneur & des loüanges, que cét athée le blasphemera; ce pauure miserable ne laisse pas par fois d'auoir quelques craintes de l'enfer, qu'il tasche d'étouffer tant qu'il peut, comme ie le menaçois vn iour de ces tourmens, peut estre, me fit-il, que nous autres n'auons point d'ame, ou que nos ames ne sont pas faites comme les vostres, ou qu'elles ne vont point en mesme endroit: qui est iamais venu de ce pays là pour nous en dire des nouuelles ? ie luy reparty qu'õ ne pouuoit voir le Ciel sans cognoistre qu'il y a vn Dieu, qu'on ne peut conceuoir qu'il y a vn Dieu, sans conceuoir qu'il est iuste, & par conséquent qu'il rend à vn chacun selon ses œuures, d'où s'ensuiuent de grandes recompenses, ou de grands chastimens: cela est bon, repliqua-il, pour vous autres que Dieu assiste, mais il n'a point soin de nous: car quoy qu'il fasse, nous ne laisserons pas de mourir de faim, ou de trouuer de la chasse; iamais cét esprit hebeté ne peut conceuoir que Dieu gouuerne la grande famille du monde, auec plus de cognoissance & plus de soin qu'vn Roy ne gouuerne son Royaume, & vn pere de famille sa maison; ie serois trop long de rapporter tout ce que ie luy dis sur ses blasphemes & sur ses resueries.

Le quatriesme de Ianuier de ceste année mil six cens trente quatre, nous allasmes faire nostre habitation depuis nostre depart des riues du grand fleuue, cherchant tousiours à viure. I'obiectay en cét endroit au Sorcier qu'il n'estoit pas bon Prophete, car il m'auoit asseuré les deux dernieres fois que nous auions decabané, qu'il neigeroit abondamment aussi tost que nous aurions changé de demeure, ce qui se trouua faux, i'ay rapportay cecy à mon hoste pour luy oster vne partie de la creance qu'il a en cét homme qu'il adore, il me répondit que le Sorcier ne m'auoit pas asseuré qu'il neigeroit, mais qu'il en auoit seulement quelque pensée ; non, dis-ie, il m'a asseuré qu'il voyoit venir la neige, & qu'elle tomberoit aussi-tost que nous aurions cabané, *Khikhirassin*, me fit-il, tu as menty, si tost que vous leur dites quelque chose qu'ils ne veulent point accorder, ils vous payent de ceste monnoye.

La veille des Rois, mon hoste me dit qu'il auoit fait vn songe qui luy donnoit bien de l'apprehension ; i'ay veu, dit il, en dormant que nous estions reduits en la derniere extremité de la faim, & celuy que tu nous dis qui a tout fait, m'a asseuré que tu tomberas dans vne telle langueur, que ne pouuant plus mettre vn pied deuant l'autre tu mourras seul delaissé au milieu des bois, ie
crains

crains que mon songe ne soit que trop veritable : car nous voila autant que iamais dans la necessité faute de neige: i'eu quelque pensée que ce songeur me pouuoit bien iouër quelque mauuais traict, & m'abandonner tout seul pour faire du Prophete ; voila pourquoy ie me seruy de ses armes, opposant *altare contra altare*, songe contre songe: & moy, luy dis-ie, i'ay songé tout le contraire, car i'ay veu dans mon sommeil deux Orignaux, dont l'vn estoit desia tué, & l'autre encore viuant, bon, dit le Sorcier, voila qui va bien, aye esperance, tu raconte de bonnes nouuelles, en effect i'auois fait ce songe quelques iours auparauant, hé bien, dis ie à mon hoste, lequel de nos deux songes sera trouué veritable, tu dis que nous mourrons de faim, & moy ie dis que non, il se mit à rire. Alors ie luy dis que les songes n'estoient que des mensonges, que ie ne m'appuyois point là dessus, que mon esperance estoit en celuy qui a tout fait, que ie craignois neantmoins qu'il ne nous chastiast, veu qu'aussi tost qu'ils auoient à manger, ils se gaussoient de
T

luy, notamment l'Apostat, il n'a point d'esprit, dirent-ils, ne prends pas garde à luy.

Le iour que les trois Rois adorerent nostre Seigneur, nous receusmes trois mauuaises nouuelles; La premiere, que le ieune Hyroquois estât allé à la chasse le iour precedent n'estoit point retourné, & comme on sçauoit bien que la faim l'ayant affoibly il ne se pouuoit pas beaucoup éloigner, on creut qu'il estoit mort, ou demeuré en quelque endroit si debile pour n'auoir dequoy manger, que la faim & le froid le tuëroient, en effect il n'a plus paru depuis, quelques vns ont pensé qu'il pourroit bien s'estre efforcé de retourner en son pays; mais que la plus part asseurent qu'il est mort en quelque endroit sur la neige, c'estoit l'vn des trois prisonniers à Tadoussac, dont i'ay parlé és premieres lettres que i'ay enuoyé de ce pais-cy, ses deux compatriotes furent executez à mort auec des cruautez nompareilles, pour luy comme il estoit ieune on luy sauua la vie à la requeste du sieur Emery de Can, que nous priasmes d'interceder pour luy, ce pauure ieune homme s'en souuenoit fort bien, il auoit grande enuie de demeurer en nostre maison; mais le Sorcier à qui il appartenoit ne le voulut iamais donner ny vendre.

La seconde mauuaise nouuelle nous fut apportée par vn ieune Sauuage qui venoit d'vn autre cartier, lequel nous dit qu'vn Sauuage d'vne autre cabane plus esloignée estoit mort de disette, que ses gens estoient fort épouuentez ne trouuans pas de quoy viure, & nous voyant dans la mesme necessité, cela l'estonnoit encore dauantage. La troisiesme fut que nos gens découurirent la piste de plusieurs Sauuages, qui nous estoient plus voisins que nous ne pensions, car ils venoient chasser iusques sur nos marches, enleuans nostre proye & nostre vie tout ensemble: ces trois nouuelles abbatirent grandement nos Sauuages, l'alarme estoit par tout, on ne marchoit plus que la teste baissée, ie ne sçay comme i'estois fait, mais ils me paroissoiét tous fort maigres, fort pensifs, & fort mornes, si l'Apostat m'eust voulu

T ij

ayder à porter & à gagner le Sorcier, c'eſtoit bien le temps; mais ſon diable muet luy lioit ſa langue.

Il faut que ie remarque en ce lieu le peu d'eſtime que font de luy les Sauuages, il eſt tombé dans vne grande confuſion, voulant éuiter vn petit reproche, il a quitté les Chreſtiens & le Chriſtianiſme, ne pouuāt ſouffrir quelques brocards des Sauuages, qui ſe gauſſoient par fois de luy de ce qu'il eſtoit Sedentaire, & non vagabond comme eux, & maintenāt il eſt leur iouet & leur fallot, il eſt eſclaue du Sorcier, deuant lequel il n'oſeroit branler, ſes freres & les autres Sauuages m'ont dit ſouuent qu'il n'auoit point d'eſprit, que c'eſtoit vn buſart, qu'il reſſembloit à vn chien, qu'il mourroit de faim ſi on ne le nourriſſoit, qu'il s'égaroit dans les bois comme vn European, les femmes en font leur entretien; ſi quelque enfant ploureroit n'ayant pas dequoy manger, elles luy diſoient, tais toy, tais toy, ne pleure point, *Petrichtrich*, c'eſt ainſi qu'on le nomme par mocquerie, rapportera vn Caſtor, & tu mangeras; quand elles l'entendoient reuenir, allez voir, difoiét elles aux enfans, s'il n'a point tué vne Orignac fe gauffant de luy comme d'vn mauuais chaffeur, qui eft vn grand blafme parmy les Sauuages : car ces gens là ne fçauroient trouuer ou retenir des femmes, l'Apoftat en a defia eu quatre ou cinq à la faueur de fes freres, toutes l'ont quitté, celle qu'il auoit cét hyuer me difoit qu'elle le quitteroit au Prin-temps, & fi elle euft efté de ce païs, elle l'auroit quitté dés lors ; i'apprends qu'en effect elle l'a quitté.

Certain iour nos chaffeurs eftans tous dehors, il fe tint vn confeil des femmes dans noftre cabane : or comme elles ne croyoient pas que ie les peuffe entendre, elles parloient tout haut, & tout librement, déchirant en pieces ce pauure Apoftat, l'occafion eftoit que le iour precedent il n'auoit rien rapporté à fa femme d'vn feftin où il auoit efté inuité, & qui n'eftoit pas à tout manger, ô le gourmand, difoient-elles, qui ne donne point à manger à fa femme ! encore s'il pouuoit tuer quelque chofe, il n'a point d'efprit, il mange tout

T iij

comme vn chien : il y eut vne grande rumeur entre les femmes sur ce sujet, car comme elles ne vont point ordinairement aux festins, elles seroient bien affligées, si leurs marys perdoient la bonne coustume qu'ils ont de rapporter leurs restes à leurs familles, le Renegat suruenant pendant que ces femmes le depeignoient, elles sceurent fort bien dissimuler leur ieu, luy témoignant vn aussi bon visage qu'à l'ordinaire, voire mesme celle qui en disoit plus de mal, luy donna vn bout de petun, qui estoit pour lors vn grand present.

Le neufiesme de Ianuier, vn Sauuage nous venant visiter nous dit, qu'vn homme & vne femme du lieu dont il venoit estoient morts de faim, & que plusieurs n'en pouuoient plus, le pauure homme ieusna le iour de sa venuë aussi bien que nous, pource qu'il n'y auoit rien à manger, encore fallut-il attendre iusques au lendemain à dix heures de nuit, que mon hoste rapporta deux Castors qui nous firent grand bien.

Le iour suiuant nos gens tuerent le second Orignac, ce qui causa par tout vne grande ioye, il est vray qu'elle fut vn peu troublée par l'arriuée d'vn Sauuage, & de deux ou trois femmes, & d'vn enfant que la famine alloit bien tost egorger, s'ils n'eussent fait rencontre de nostre cabane, ils estoient fort hideux, l'homme particulierement plus que les femmes, dont l'vne auoit accouché depuis dix iours dans les neiges, & dans la famine, ayant passé plusieurs iours sans manger.

Mais admirez s'il vous plaist l'amour que ces barbares se portent les vns aux autres, on ne demanda point à ces nouueaux hostes pourquoy ils venoient sur nos limites, s'ils ne sçauoient pas bien que nous estions en aussi grand danger qu'eux, qu'ils nous venoient oster le morceau de la bouche; ains au contraire on les receut, non de paroles, mais d'effect, sans courtoisie exterieure, car les Sauuages n'en ont point, mais non pas sans charité : on leur ietta de grandes pieces de l'Orignac nouuellement tué, sans leur dire autre parole, *mitisoukou* mangez, aussi leur eust on fait grand tort d'appliquer pour lors leurs bouches à autre vsage : pendant qu'ils mangeoient on prepara vn festin, auquel ils furent traictez à grand plat, ie vous en réponds : car la portion qu'on leur donna à chacun, sortoit beaucoup hors de leurs *ouragans* qui sont tres capables.

Le seiziesme du mesme mois nous battismes la campagne, & ne pouuans arriuer au lieu où nous pretendions, nous ne fismes que gister dans vne hostelerie que nous dressasmes à la haste, & le lendemain nous poursuiuismes nostre chemin passans sur vne montagne si haute, qu'encore que nous ne montassions point iusques au sommet, qui me paroissoit armé d'horribles rochers, neantmoins le Sorcier me dit, que si le Ciel obscurcy d'vn broüillard eust esté serain nous eussions veu à mesme têps Kebec & Tadoussac, esloignez l'vn de l'autre de quarante lieuës pour le moins, ie voyois au dessous de moy auec horreur des precipices, qui me *en l'année 1634.* 297

faisoient trembler, i'apperceuois des montagnes au milieu de quelques plaines qui me paroissoient comme des petites tours, ou plustost comme de petits chasteaux, quoy qu'en effect elles fussent fort grandes & fort hautes : figurez vous quelle peine ont ces barbares de traisner si haut leur bagage, i'auois de la peine à monter, i'en trouuois encore plus à descendre : car quoy que ie m'esloignasse des precipices, neantmoins la pante estoit si roide, qu'il estoit fort aisé de rouler à bas, & de s'aller fendre la teste contre vn arbre.

Le vingt neufiesme nous acheuasmes de descendre ceste montagne portant nostre maison sur la pante d'vne autre où nous allasmes : voila le terme de nostre pelerinage, nous commencerons d'oresnauant à tourner bride & à tirer vers l'Isle où nous auons laissé nostre Chaloupe, nous vismes icy les sources de deux petits fleuues, qui se vont rendre dans vn fleuue aussi grand au dire de nos Sauuages, que le fleuue de S. Laurens, ils l'appellent *Oueraouachticou*.

Ceste douziesme demeure nous a deliuré de la famine, car les neiges se trouuant hautes assez pour arrester les grandes iambes de l'Elan, nous eusmes dequoy manger. Au commencement ce n'estoient que festins & que danses, mais cela ne dura pas, car on se mit bientost à faire seicherie passant de la famine dans la bonne nourriture, ie me portay bien : mais passant de la chair fraische au boucan ie tombay malade, & ne recouuray point entierement la santé que trois semaines apres mon retour en nostre petite maisonnette. Il est vray que depuis le commencement de Feurier iusques en Auril nous eusmes tousiours dequoy manger, mais d'vn boucan si dur & si sale & en si petite quantité, horsmis quelques iours d'abondance qui se passoient en festins que nos Sauuages contoient ces derniers mois aussi bien que les precedens entre les mois & les hyuers de leurs famines. Ils me disoient que pour estre traicté mediocrement & sans patir, il nous falloit vn Elan gros comme vn bœuf en deux iours, tant à raison du nombre que nous estions, comme aussi qu'on mange beaucoup de chair quand on n'a ny pain ny autre chose pour faire durer la viande, adioustez qu'ils sont grands disneurs, & que la chair d'Elan ne demeure pas long-temps dans l'estomach.

Ie me suis oublié de dire ailleurs que les Sauuages content les années par les hyuers, pour dire quel aage as-tu, ils disent combien d'hyuers as-tu passé? ils content aussi par les nuicts comme nous faisons par les iours, au lieu que nous disons, il est arriué depuis trois iours, ils disent depuis trois nuicts.

Le cinquiesme de Feurier nous quittasmes nostre douziesme demeure pour aller faire la treiziesme, ie me trouuois fort mal, le Sorcier me tuoit auec ses cris, ses hurlemens, & son tambour, il me reprochoit incessamment que ie faisois l'orgueilleux, & que le *Manitou* m'auoit fait malade aussi bien que les autres. Ce n'est pas, luy disois-je, le *Manitou* ou le diable qui m'a causé ceste maladie, mais la mauuaise nourriture qui m'a gasté l'estomach, & les autres trauaux qui m'ont debilité, tout cela ne le contentoit point, il ne laiſſoit pas de m'attaquer, notamment en la preſence des Sauuages, diſant que ie m'eſtois mocqué du *Manitou*, & qu'il s'eſtoit vangé de moy comme d'vn ſuperbe. Vn iour comme il me faiſoit ces reproches ie me leue en mon ſeant, ie luy dis, afin que tu ſçache que ce n'eſt point ton *Manitou* qui cauſe les maladies & qui tuë les hommes, eſcoute comme ie luy parleray, ie m'eſcrie en leur langue groſſiſſant ma voix, approche *Manitou*, vien demon, maſſacre moy ſi tu as le pouuoir, ie te deffie, ie me mocque de toy, ie ne te crains point, tu n'as point de pouuoir ſur ceux qui croyent & qui ayment Dieu, viens & me tuë ſi tu as les mains libres, tu as plus de peur de moy que ie n'ay de toy, le Sorcier fut eſpouuenté, & me dit pourquoy l'appelle tu? puis que tu ne le crains pas, c'eſt ſigne que tu l'appelle afin qu'il te tuë, non pas luy diſ-je, mais ie l'appelle afin que tu ayes cognoiſſance qu'il n'a point de puiſſance ſur ceux qui adorent le vray Dieu, & pour te faire voir qu'il n'eſt pas la ſeule cauſe des maladies comme tu crois.

Le neufieſme du meſme mois de Feurier nous battiſmes la campagne, le Sorcier nonobſtant ma maladie me vouloit faire porter du bagage à toute force, mais mon hoſte euſt pitié de moy, voire meſme m'ayant rencontré en chemin que ie n'en pouuois quaſi plus, il prit de ſon bon gré ce que ie portois, & le mit ſur ſa traiſne.

Le quatorzieſme & quinzieſme nous fiſmes de longues traictes pour aller planter noſtre cabane proche de deux petits Orignaux que mon hoſte auoit tué: faiſant chemin on reconneuſt la piſte d'vn troiſieſme, mon hoſte fit arreſter le camp pour l'aller deſcouurir: i'eſtois en l'arriere garde de noſtre armée, c'eſt à dire que ie venois doucement derriere les autres quand tout à coup ie vis paroiſtre cét Elan qui couroit droit à moy, & mon hoſte apres, qui luy donnoit la chaſſe, la neige eſtoit fort haute, voila pourquoy il ne fit qu'enuiron cinq cens pas deuant que d'eſtre mis à mort, nous cabanames aupres & en fiſmes curée.

L'Apoſtat continuant icy ſes blaſ-phemes, me demandoit deuant ſes fre-res pour les animer contre Dieu, pour-quoy ie priois celuy qui n'entendoit ny ne voyoit rien, ie le repris fort verte-ment & luy impoſay ſilence.

Le ſixieſme iour de Mars nous chan-geaſmes de demeure, le Sorcier, le Re-negat, & deux ieunes chaſſeurs tirerent deuant nous droit aux riues du grand fleuue, l'occaſion de cette ſeparation fut que mon hoſte braue chaſſeur ayant deſcouuert quatre Orignaux, & quan-tité de cabanes de Caſtors, ne pouuant luy ſeul en meſme temps chaſſer en tant d'endroits fort ſeparez, le Sorcier me-na ces ieunes chaſſeurs pour courre les Orignaux, & luy demeura pour les Ca-ſtors: cette ſeparation me fit du bien & du mal. Du bien, pource que ie fus de-liuré du Sorcier, ie n'ay point de paro-les pour declarer l'importunité de ce meſchant homme. Du mal, pource que mon hoſte ne prenant point d'Ori-gnaux nous ne mangions que du bou-can qui m'eſtoit fort contraire, que s'il prenoit des Caſtors on en faiſoit ſeicherie, excepté des petits que nous mangions, les plus beaux & les meilleurs estoient reseruez pour les festins qu'ils deuoient faire au Printemps, au lieu où ils s'estoient donnez le rendez-vous.

Le treiziesme du mesme mois nous fismes nostre dix-huictiesme demeure proche d'vn fleuue dont les eaux me sembloient sucrées apres la saleté des neiges fonduës que nous beuuions és stations precedentes dans vn chauderon gras & enfumé, ie commençay à ressentir en ce lieu l'incommodité du coucher sur la terre bien froide pendant l'hyuer & fort humide au Printemps, car le costé droit sur lequel ie reposois s'estourdit tellement par la froidure qu'il n'auoit quasi plus de sentiment: or craignant de ne remporter que la moitié de moy-mesme dans nostre petite maison, l'autre demeurante paralytique, ie promis vne chemise & vne petite robbe à vn enfant pour vn meschāt bout de peau d'Orignac que sa mere me donna, cefte peau non passée estoit bien aussi dure que la terre, mais non pas si humide, i'en fis mon lict qui se trouua si court, que la terre qui auoit iusques alors pris possession de tout mon corps en retint encore la moitié.

Depuis le depart du Sorcier, mon hoste prenoit plaisir à me faire des questions, notamment des choses naturelles; il me demanda vn iour comme la terre estoit faite, & m'apportant vne écorce & vn charbon, il me la fit décrire; ie luy despeins donc les deux Hemispheres, & apres luy auoir tracé l'Europe, l'Asie, & l'Affrique, ie vins à nostre Amerique, luy monstrant comme elle est vne grande Isle, ie luy d'écriuy la coste de l'Acadie, la grande Isle de Terre-neufue, l'entrée & golfe de nostre grand fleuue de sainct Laurens, les peuples qui habitent ses riues, le lieu où nous estions pour lors, ie montay iusques aux Algonquains, aux Hiroquois, aux Hurons, à la nation neutre, &c. luy designant les endroits plus & moins peuplez, ie passay à la Floride, au Perou, au Brasil, &c. luy parlant en mon jargon de ces contrées le mieux qu'il m'estoit possible, il m'interrogea
plus

plus particulierement des païs dont il a connoissance, puis m'ayans escouté fort patiemment, il s'escria prononçant vne de leurs grandes admirations *Amonitatinan¡ouikhi* ! Ceste robbe noire dit vray ! parlant à vn vieillard qui me regardoit, puis se tournant deuers moy il me dit, *nicanis*, mon bien aymé tu nous donne en verité de l'admiration, car nous connoissons la plus part de ces terres & de ces peuples, & tu les a descrit comme ils sont, i'insiste là dessus, comme tu vois que ie dis vray parlant de ton pays, aussi dois-tu croire que ie ne ments pas parlant des autres, ie le croy ainsi, me repartit-il, ie poursuy ma pointe, comme ie suis veritable en parlant des choses de la terre, aussi tu dois te persuader que ie ne voudrois pas mentir quand ie te parle des choses du Ciel, & partant tu dois croire ce que ie t'ay dit de l'autre vie : il s'arresta vn peu de temps tout court, puis ayant vn peu pensé à part soy, Ie te croiray, dit-il quand tu sçauras bien parler, nous auons maintenant trop de peine à nous faire entendre.

V

Il m'a fait mille autres questions, du Soleil, de la rondeur de la terre, des Antipodes, de la France, & fort souuent il me parloit de nostre bon Roy, il admiroit quand ie luy disois que la France estoit remplie de Capitaines, & que le Roy estoit le Capitaine de tous les Capitaines, il me prioit de le mener en France pour le voir, & qu'il luy feroit des presens, ie me mis à rire luy disant que toutes leurs richesses n'estoient que pauureté à comparaison des grandeurs du Roy, Ie veux dire, me fit-il, que ie feray des presens à ceux de sa suitte, pour luy ie me contenteray de le voir, il racontoit par apres aux autres ce qu'il m'auoit ouy dire. Il me demanda vne autrefois s'il y auoit de grands saults dans la mer, c'est à dire des cheutes d'eau, il y en a beaucoup dans les fleuues de ce païs cy, vous verrez vne belle riuiere coulant fort doucement tomber tout à coup dans vn lit plus bas, les terres ne s'abbaissant pas également, mais comme par degrez en certains endroits, nous voyons vn de ces sauts proche de Kebec nommé le saut de

Montmorency, c'est vne riuiere qui vient des terres, & qui se precipite de fort haut dans le grand fleuue de sainct Laurens, les riues qui le bornent estans fort releuées en cét endroit: Or quelques Sauuages croyoient que la mer a de ces cheutes d'eau dans lesquelles se perdent quantité de nauires ie luy ostay cét erreur, ces inegalitez ne se retrouuans point dans l'Ocean.

Le vingt-troisiesme de Mars nous repassames le fleuue *Capititetchioneth*, que nous auions passé le troisiesme de Decembre.

Le trentiesme du mesme mois, nous vinsmes cabaner sur vn fort beau lac, en ayant passé vn autre plus petit en nostre chemin, ils estoient encore autant glacez qu'au milieu de l'hyuer, mon hoste me consoloit icy me voyant fort foible & fort abbatu, ne t'attriste point, me disoit-il, si tu t'attriste tu seras encore plus malade, si ta maladie augmente tu mourras, considere que voicy vn beau pays, ayme-le, si tu l'ayme, tu t'y plairas, si tu t'y plais tu te resioüiras, si tu te resioüis tu guariras, ie

V ij

prenois plaisir d'entendre le discours de ce pauure barbare.

Le premier iour d'Auril nous quittasmes ce beau lac & tirasmes à grande erre vers nostre rendez vous, nous passames la nuit dans vn meschant trou enfumé & dés le matin continuasmes nostre chemin faisant plus en ces deux iournées que nous n'auions faict en cinq, Dieu nous fauorisa d'vn beau temps : car il gela bien fort, & l'air fut serain, s'il eust fait vn degel comme les iours precedens, & que nous eussions enfoncé dans la neige, comme quelques fois il nous est arriué, ou il m'eust fallu traisner, ou ie fusse demeuré en chemin tant i'estois mal. Il est bien vray que la nature a plus de force qu'elle ne s'en fait accroire, ie l'experimentay en ceste iournée en laquelle i'estois si foible, que m'asseant de temps en temps sur la neige pour me reposer, tous les membres me trembloient, non pas de froid, mais par vne debilité qui me causoit vne sueur au front. Or comme i'estois alteré voulant puiser de l'eau dans vn torrent que nous rencontrasmes, la glace que ie caſſois auec mon baſton tomba deſſous moy, & fit vn grand eſcarre: quand ie me vis auec mes raquettes aux pieds ſur ceſte glace flottante ſur vne eau fort rapide, ie ſautay pluſtoſt ſur le bord du torrent, que ie n'eu conſulté ſi ie le deuois faire, & la nature qui ſuoit de foibleſſe trouua aſſez de force pour ſortir de ceſte grande eau n'en voulant pas tant boire à la fois, ie n'eus que la peur d'vn peril qui fut pluſtoſt eſuité que recognu.

Le danger paſſé ie pourſuiuis mon chemin aſſez lentement, auſſi ne pouuois-ie pas eſtre bien fort, car outre la maladie qui ne m'auoit point quitté parfaitement depuis le dernier iour de Ianuier, ie ne mangeois ces derniers iours que trois bouchées de boucan le matin, & cheminois quaſi tout le reſte du iour ſans autre rafraichiſſement qu'vn peu d'eau quand i'en pouuois rencontrer. Enfin i'arriuay apres les autres ſur les riues du grand fleuue, & trois iours apres nostre arriuée, sçauoir est le quatriesme du mesme mois d'Auril nous fismes nostre vingt-troisiesme station allant planter nostre cabane dans l'Isle où nous auions laissé nostre Chalouppe, nous y fusmes tres-mal logez: car outre que le Sorcier s'estoit remis auec nous, nous estions si remplis de fumée que nous n'en pouuions plus, d'ailleurs le grand fleuue estant icy salé, & l'Isle n'ayant aucune fontaine nous ne beuuions que des eaux de neige, ou de pluye encore tres sale. Ie ne fis pas long sejour en ce lieu, mon hoste voyant que ie ne guerissois point, prit resolution de me remener en nostre maisonnette, le Sorcier l'en voulut detourner, mais ie rompis ses menées, i'obmets mille particularitez pour tirer à la fin.

Le cinquiesme du mois d'Auril, mon hoste, l'Apostat, & moy, nous embarquasmes dans vn petit canot pour tirer à Kebec sur le grand fleuue, après auoir pris congé de tous les Sauuages: or comme il faisoit encore froid nous ne fusmes pas loin que nous trouuafmes vne petite glace formée pendant la nuict, qui feruoit de fuperficie aux eaux, voyant qu'elle s'eftendoit fort loing, nous donnons dedans, l'Apoftat qui eftoit deuant, la brifant auec fon auiron : or foit qu'elle fut trop trenchante, ou l'écorce de noftre gondole trop foible, il fe fit vne ouuerture qui donna entrée à l'eau dans noftre canot & à la crainte dans noftre cœur, nous voila auffi toft tous trois en action, mes deux Sauuages de ramer, & moy de ietter l'eau, nous tirons à force de rames dans vne Ifle que nous rencontrafmes fort à propos, & mettant pied à terre les Sauuages empoignent leur canot, le tirent de l'eau, le renuerfent, battent leur fufil, font du feu, recoufent l'efcorce fenduë, y appliquent de leur bray, qui eft vne efpece d'encens qui decoule des arbres, remettent le canot à l'eau, nous nous rembarquons & continuons noftre chemin : ie leur dy voyant ce peril que s'ils croyoient rencontrer fouuent de ces glaces tranchantes, qu'il valloit mieux retourner d'où nous eftions partis, & attendre que le temps fut plus chaud, il eft vray me fit mon hofte que nous auons penfé perir, fi l'ouuerture euft efté vn peu plus grande c'eftoit fait de nous, pourfuiuons neantmoins noftre chemin ces petites glaces ne m'eftonnent pas. Sur les trois heures du foir nous apperceufmes deuant nous vn banc de glaces efpouuentables qui nous bouchoit le chemin, s'eftendant au trauers de ce fleuue à plus de quatre lieuës loin : nous fufmes vn peu eftonnez, mes gens ne laiffent pas pourtant de les aborder ayant remarqué vne petite efclaircie, ils fe gliffent là dedans faifant tournoyer noftre petite gondole, tantoft d'vn cofté & puis tantoft de l'autre pour gaigner toufjours païs, en fin nous trouuafmes ces glaces fi fort ferrées qu'il fut impoffible d'auancer ny de reculer, car le mouuement de l'eau nous enferma de toutes parts, au milieu de ces glaces s'il y fut furuenu vn vent vn peu violent nous eftions froiffez & brifez &

nous & noſtre canot comme le grain entre les deux pierres du moulin, car figurez-vous que ces glaces ſont plus grandes & plus eſpaiſſes que les meules & la tremuë tout enſemble, mes Sauuages nous voyant ſi empreſſez ſautent de glaces en glaces comme vn ecririeux d'arbres en arbres, & les repouſſant auec leurs auirons font paſſage au canot dans lequel i'eſtois tout ſeul plus preſt de mourir par les eaux que de maladie, nous combattiſmes en cette ſorte iuſques à cinq heures du ſoir que nous priſmes terre: ces barbares ſont tres habiles en ces rencontres, ils me demandoient par fois dans la plus grande preſſe des glaces ſi ie ne craignois point, veritablement la nature n'ayme point à ioüer à ce jeu là, & leurs ſauts de glaces en glaces me ſembloient des ſauts perilleux & pour eux & pour moy, veu meſmes que leur pere, à ce qu'ils me diſoient, s'eſt autrefois noyé en ſemblable occaſion. Il eſt vray que Dieu dont la bonté eſt par tout aymable, ſe trouue auſſi bien deſſus les eaux

& parmy les glaces que dessus la terre, nous eschappasmes encore de ce danger qui ne leur sembla pas si grand que le premier.

Arriuez que nous fusmes à terre nostre maison fut de nous coucher au pied d'vn arbre, nous mangeasmes vn peu de boucan, beusmes vn peu d'eau de neige fonduë, ie fis mes petites prieres & me couchay aupres d'vn bon feu qui contrequarra la gelée & le froid de la nuict.

Le lendemain nous nous embarquasmes de bonne heure, la marée qui nous auoit amené ces armées de glaces les porta la nuict d'vn autre costé, nous fismes donc quelque chemin deliurés de cette importunité, mais le vent s'animant & nostre petite gondole, commençant à dancer sur les vagues nous nous iettasmes incontinant à terre, I'auois prié mes gens de prendre auec eux des escorces pour nous faire la nuict vne cabane & des viures pour quelques iours n'estant pas asseurez du retardement que le mauuais temps nous pourroit apporter, ils ne firent ny l'vn ny l'autre, si bien qu'il fallut coucher à l'air, & manger en quatre iours les viures d'vne iournée, ils s'attendoient d'aller à la chasse, mais les neiges se fondans ils ne pouuoient courre, le temps faisant mine de s'appaiser nous nous rembarquasmes, mais à peine auions nous faict trois lieuës que le vent se renforçant nous va ietter dans des glaces que la marée nous ramenoit, & nous d'enfiler viste vn petit ruisseau, de sauter tous trois sur ces grandes glaces qui estoient aux bords, & de gagner la terre, nos Sauuages portant sur les espaules nostre nauire d'écorce.

Nous voila donc logez à vne pointe de terre exposée à tous vents, nous mettons nostre canot derriere nous pour nous abrier, & comme nous craignions la pluye ou la neige mon hoste iette vne meschante peau sur des perches, & voila nostre maison faicte. Les vents furent si violens toute la nuict qu'ils nous penserent enleuer nostre canot, le lendemain la tempeste continuant dessus l'eau, mes gens n'ayant dequoy manger vont à la chasse par vn tres mauuais temps, le Renegat ne prit rien, mon hoste rapporta vn perdreau qui nous seruit de deieusner, de disner, & de soupper, vray que i'auois mangé quelques fueilles de fraisiers, que la terre nouuellement descouuerte de neige en quelques endroits me donna ; nous passasmes donc cette iournée sans faire chemin, la nuict les tempestes, les foudres de vent, & le froid nous assaillirent auec telle furie qu'il fallut ceder à la force, nous estions couchez à platte terre, car ils n'auoient pas pris la peine de la couurir de branches de pin, nous leuasmes tout glassez pour entrer dans le bois & emprunter des arbres l'abry contre le vent & le couuert contre le Ciel, nous fismes vn bon feu, & nous nous endormismes sur la terre encore toute humide pour auoir seruy de lict à la neige peut-estre la nuict precedente, Dieu soit beny sa prouidence est adorable, nous mettions ce

en l'année 1634. 317

iour & ceste nuict dans le catalogue des iours & des nuicts mal-heureux, & ce nous fut vn temps de bon-heur, car si ces tempestes & ces vents ne nous eussent tenus prisonniers sur terre pendant qu'ils escartoient les glaces les poussant à val la riuiere, elles se fussent reserrées au trauers des Isles où nous deuions passer, & nous eussent faict mourir de trop boire ecrasant nostre canot, ou de trop peu manger, nous arrestans dans quelque Isle deserte. Bref si nous fussions eschappez c'eust esté à grand peine, de plus i'estois si debile & si malade quand ie m'embarquay, que si i'eusse preueu les trauaux du chemin i'aurois creu deuoir mourir cent fois, & neantmoins Nostre Seigneur commença à me fortifier dans ces difficultez, en sorte que i'ayday mes Sauuages à ramer notamment sur la fin de nostre voyage.

Le iour qui suiuit ces tempestes paroissant encor animé de vents, mon hoste & l'Apostat s'en allerent à la chasse, vne heure apres leur depart le

Soleil paroiſt beau, l'air ſerein, les vents s'appaiſent, les vagues ceſſent, la mer ſe calme, en vn mot il abonit pour parler en matelot, me voila bien en peine de vouloir ſuiure mes Sauuages à la trace pour les appeller, c'eſtoit mettre vne tortuë apres des leuriers, ie iette les yeux au Ciel comme au lieu de refuge, les abbaiſſant vers la terre ie vy mes gens courre comme des cerfs ſur l'orée du bois, tirans vers moy, auſſi-toſt ie me leue portant noſtre petit bagage vers la riuiere, mon hoſte arriuant *eco, eco, pouſitau, pouſitau,* viſte, viſte, embarquons nous, embarquons nous, pluſtoſt fait qu'il n'eſt dit, le vent & la marée nous fauoriſent, nous allons à rames & à voile, noſtre petit vaiſſeau d'eſcorce fendant les ondes d'vne viteſſe incomparable, nous arriuaſmes en fin ſur les dix heures du ſoir à la pointe de la grande Iſle d'Orleans, il n'y auoit plus que deux lieuës iuſques à noſtre petite maiſon, mes gens n'auoient point mangé tout le iour, ie leur donne courage, nous nous

en l'année 1634.

efforçons de passer outre, mais le courant de la marée qui descendoit encor estant fort rapide, il fallut attendre le flot pour trauerser la grande riuiere, nous entrasmes cependant dans vne anse de terre, & nous nous endormismes sur le sable aupres d'vn bon feu que nous allumasmes.

Sur la minuit le flot retournant nous nous embarquasmes, la Lune nous éclairant, le vent & la marée nous faisoient voler, mon hoste n'ayant pas voulu tirer du costé que ie luy dis, nous pensasmes nous perdre dans le port, car comme nous vinsmes pour entrer dans nostre petite riuiere nous la trouuasmes encore toute glacée, nous voulusmes approcher du riuage, mais le vent y auoit rangé vn grand banc de glace, qui se choquoient les vnes les autres nous menaçoient de mort si nous les abordions, si bien qu'il fallut tourner bride, mettre le cap au vent & se roidir contre la marée, c'est icy que ie vy les vaillances de mon hoste, il s'eſtoit mis deuant comme au lieu le plus important dans les grands perils, ie le voyois au trauers de l'obſcurité de la nuict qui nous donnoit de l'horreur & augmentoit noſtre danger, bander ſes nerfs, ſe roidir contre la mort, tenir noſtre petit canot en eſtat dans des vagues capables d'engloutir vn grand vaiſſeau, ie luy crie *Nicanis ouabichtigoueiakhi ouabichtigoueiakhi*, mon bien-aymé à Kebec, à Kebec, tirons là. Quand nous viſmes à doubler le ſaut au Matelot, c'eſt le detour de noſtre riuiere dans le grand fleuue, vous l'euſſiez veu ceder à vne vague, en couper vne autre par le milieu, éuiter vne glace, en repouſſer vne autre, combattre inceſſamment contre vn furieux vent de Nordeſt qu'il auoit en teſte.

Ayans éuité ce danger nous voulumes aborder la terre, mais vne armée de glaces animée par la fureur des vents nous en deffendoit l'entrée : nous allõs donc iuſques deuant le fort coſtoyant le riuage, cherchant dans les tenebres

vn

Pagination incorrecte — date incorrecte

NF Z 43-120-12

vn petit iour ou vne petite eclaircie parmy ces glaces; mon hoste ayant apperceu vn rerin ou detour qui est au bas du fort, où les glaces ne branloiēt point pour estre à l'abry du vent, en detourne auec son auiron trois ou quatre furieuses qu'il rencontre, & vous iette là dedans, il saute viste hors du Canot, craignant le retour des glaces, criant *Capatau*, desembarquons nous; le mal estoit que les glaces estoient si hautes & si épaisses sur le riuage, qu'à peine y pouuois-ie atteindre auec les mains; ie ne sçauois à quoy m'aggraffer pour sortir du Canot, & monter sur ces riues glacées; ie prends mon hoste par le pied d'vne main, & de l'autre vn coing de glace que ie rencontre, & ie me iette en sauueté, vn auec les deux autres; vn lourdaut deuient habille homme en ces occasions: estant sorty du Canot, ils l'enleuent par les deux bouts, & le mettent en lieu d'asseurance: cela fait nous nous regardons tous trois, & mon hoste reprenant son haleine, me dit, *nicauis khegat nipiacou*, mon grand amy, nous auons pensé mourir; il auoit encore horreur de la grandeur du peril. Il est vray que s'il n'euſt eu des bras de Geant (il eſt hôme grand & puiſſant & d'vne induſtrie non commune, ny aux François ny aux Sauuages,) ou vne vague nous euſt englouty, ou le vent nous euſt renuerſé, ou vne glace nous euſt eſcraſé; diſons pluſtoſt que ſi Dieu n'euſt eſté noſtre Nocher, les ondes qui battent les riues de noſtre demeure auroient eſté noſtre ſepulchre. De verité quiconque habite parmy ces peuples, peut bien dire auec le Roy Prophete, *anima mea in manibus meis ſemper*: depuis peu vn de nos François s'eſt noyé en ſemblable occaſion, & encore moindre, car il ny auoit plus de glaces.

Eſtant échappez de tant de perils, nous trauerſâmes noſtre riuiere ſur la glace, qui n'eſtoit point encore partie; & ſur les trois heures apres minuict, le Dimanche de Paſques fleurie 9. d'Auril, ie r'entray dans noſtre petite maiſonnette, Dieu ſçait auec quelle ioye de part & d'autre, ie trouuay la maiſon remplie de paix & de benediction, tout le monde en bonne ſanté par la grace de noſtre Seigneur. Monſieur le Gouuerneur ſçachant mon retour, m'enuoya deux des principaux de nos François pour sçauoir de ma santé, son affection nous est tres sensible; l'vn des chefs de l'ancienne famille du pays accourut aussi pour se resioüyr de mon retour, ils auoient connu par le peu de neige qu'il y a eu cét Hiuer, moins rigoureux que les autres, que les Sauuages & moy par consequent estions pressez de la faim; c'est ce qui en resioüit quelques-vns iusques aux larmes, me voyant reschappé d'vn si grand danger; nostre Seigneur soit beny dans les temps & dans l'eternité.

I'ay bien voulu d'escrire ce voyage, pour faire voir à V. R. les grands trauaux qu'il faut souffrir en la suitte des Sauuages, mais ie supplie pour la derniere fois ceux qui auroient enuie de les ayder, de ne point prendre l'espouuente, non seulement pource que Dieu se faict sentir plus puissamment dans la disette, & dans les delaissements des creatures, mais aussi pource qu'il ne sera plus de besoin de faire ces courses, quád on aura la connoissance des langues, & qu'on les aura reduites en preceptes: I'ay rapporté quelques particularitez qui se pouuoient obmettre, i'en ay passé beaucoup sous silence, qu'on auroit peu lire auec plaisir, mais la crainte d'estre long, & mon peu de loisir, me fait tomber dans le desordre: il est vray que i'escris à vne personne, *qua ordinabit me charitatem*, les autres qui verront cette Relation par son entremise, me feront la mesme faueur. Ie dirois volontiers ces deux mots, à quiconque lira ces escrits, *ama & fac quod vis*, retournons à nostre journal.

Le 31. de May, arriua vne chalouppe de Tadoussac, qui apportoit nouuelle que trois vaisseaux de Messieurs les Associez estoient arriuez, deux estoient dans le port, & le troisiéme au Moulin Bande, c'est vn lieu proche de Tadoussac, que les François ont ainsi nommé: on attendoit le quatriéme, dans lequel commandoit Monsieur du Plessis, general de la flotte, qui vint bien-tost apres, & loüa grandement le Capitaine Bontemps, pour s'estre rendu fort recommandable en la prise du nauire Anglois, dont i'ay parlé cy-dessus; si tost que ces bonnes nouuelles furent portées à Mōsieur de Champlain, comme il s'obmet aucune occasion de nous tesmoigner son affection, il nous en fit donner aduis par homme exprés, nous enuoyans en outre les lettres du R. P. L'allement, qui m'escriuoit qu'il estoit arriué auec N. F. Iean Ligeois en bonne santé, & qu'au premier vent il seroit des nostres; il est aisé à conjecturer auec quelle ioye nous benimes & remerciames nostre Seigneur de ces bonnes & si fauorables nouuelles; il arriua deux iours apres dans la barque que commandoit Monsieur Castillon, qu'on dit s'estre fort bien comporté en la prise de l'Anglois.

Le quatriéme iour de Iuin Feste de la Pentecoste, le Capitaine de Nesle arriua à Kebec, dans son vaisseau estoit Mōsieur Giffard, & toute sa famille, composée de plusieurs personnes qu'il ameine, pour habiter le pays, sa femme s'est mōstrée fort courageuse à suiure son mary; elle estoit enceinte quand elle s'embarqua; ce qui luy faisoit apprehender ses couches, mais nostre Seigneur la grandement fauorisée, car huict iours apres son arriuée, sçauoir est le Dimanche de la saincte Trinité, elle s'est deliurée fort heureusement d'vne fille qui se porte fort bien, & que le Pere Lallemant baptisa le lendemain.

Le 24. du mesme mois, feste de S. Iean Baptiste, le vaisseau de l'Anglois commandé par le Capitaine de Lormel, monta iusques icy, & nous apporta le P. Iacques Buteux en assez bonne santé, Monsieur le General nous honorant de ses lettres, me manda que ce bon Pere auoit esté fort malade pendant la trauersée, & le Pere nous dit qu'il auoit esté secouru & assisté si puissamment, & si charitablement de Monsieur le General & de son Chirurgien, qu'il en restoit tout confus, maintenant il se porte mieux que iamais il n'a fait.

Le premier de Iuillet le P. Breboeuf & le P. Daniel partirent dans vne barque, pour s'en aller aux trois Riuieres, au deuant des Hurons, la barque alloit commencer vne nouuelle habitation en ce quartier là, le P. Dauost qui estoit descendu de Tabousсac, pour l'assistance de nos François, suiuit nos Peres trois iours apres, en la compagnie de Monsieur le General, qui se vouloit trouuer à la traite auec ces peuples. Ils attendirent là quelque temps les Hurons, qui ne sont point descendus en si grand nombre cette année qu'à l'ordinaire, à raison que les Hiroquois estans aduertis que cinq cens hommes de cette nation tiroient en leur pays, pour leur faire la guerre, leur allerent au deuant au nombre de quinze cens dit on, & ayant surpris ceux qui les vouloient surprendre: ils en ont tué enuiron deux cens, & pris plus d'vne centaine de prisonniers, dont Louys Amantacha est du nombre: on disoit que son pere estoit mis à mort, mais le bruit est maintenant qu'il s'est sauué des mains de l'ennemy. On nous rapporte que ces Hiroquois triomphans ont renuoyé quelques Capitaines aux Hurons pour traitter de paix, retenans par deuers eux les plus apparens, apres auoir cruellement massacré les autres.

Cette perte a esté cause que les Hurons sont venus en petites trouppes, au commencement ils ne sont descendus que sept Canots: Le Pere Brebœuf en ayant eu nouuelle, les aborde, & fait tout ce qu'il peut pour les engager à le receuoir, & ses compagnons, & les porter en leur pays, ils s'y accordent volontiers. Là desfus vn Capitaine Algonquain, nommé la Perdrix, qui demeure en ville, fit vne harangue, par laquelle il recommandoit qu'on n'embarquaſt aucun François: Voila les Hurons qui doiuent paſſer par le pays de ce Capitaine, à leur retour entierement refroidis: ſur ces entrefaites arriue Monſieur du Pleſſis, tout cecy ſe paſſoit en vn lieu nommé les trois Riuieres, trente lieuës plus haut que Kebec; comme il deſiroit ardemment que nos Peres penetraſſent dans ces nations, il fit aſſembler les Algonquains en Conſeil, notamment ce Capitaine, pour luy faire rendre raiſon de ſa deffence; il en apporte pluſieurs, on luy ſatisfaict ſur le chāp, il inſiſtoit, comme ie le conjecture, des lettres du Pere Bre-bœuf, ſur le deſordre qui arriueroit, au cas que quelque François mourut aux Hurons; on luy repart que les Peres n'eſtans point en ſon pays, la paix entre les François, & ſes Compatriotes, ne ſeroit point rompue, quoy qu'ils mouruſſent d'vne mort naturelle ou violente. Voila les Algonquains contents: mais les Hurons commencerent à s'excuſer ſur leur petit nombre, qui ne sçauroit passer tant de François sur la petitesse de leurs Canots, & sur leurs maladies; en vn mot ils eussent bien voulu embarquer quelques François bien armez, mais non pas de ces longues robbes, qui ne portent point d'arquebuses. Monsieur du Plessis presse tant qu'il peut, prent nostre cause en main, on trouue place pour quelques vns; vn certain Sauuage s'adresse au Pere, & luy dit, fais moy traiter mon petun pour de la porcelaine, & mon Canot estant deschargé; ie prendray vn François, le Pere n'en auoit point, mais Monsieur du Plessis sçachāt cela, & Monsieur de l'Espinay acheterent ce petun; voila donc place pour six personnes, quand se vint à s'embarquer, les Sauuages qui estoient malades en effect, disent qu'ils n'en sçauroient porter que trois, deux ieunes hommes Frāçois, & vn Pere; les Peres promettēt qu'ils rameneront, ils font des presents, Monsieur du Plessis en fait aussi, insiste tant qu'il peut, ils n'en veulent point receuoir dauantage.

Le Pere Brebœuf a recours à Dieu,

voicy comme il parle en sa lettre: Iamais ie ne veys embarquement tant balotté & plus trauersé par les menées, comme ie croy, de l'ennemy commun du salut des hommes, c'est vn coup du Ciel que nous soyons passés outre, & vn effect du pouuoir du Glorieux sainct Ioseph, auquel Dieu m'inspira dans le desespoir de toutes choses, de promettre 20. sacrifices en son honneur; ce veu fait, le Sauuage qui auoit embarqué Petit Pré, l'vn de nos François, le quitta pour me prendre, veu mesme que Monsieur du Plessis insistoit fort que cela se fist. Et ainsi le Pere Breboeuf, le Pere Daniel, & vn ieune homme nommé le Baron, furent acceptez de ces Barbares qui les portent en leur pays dans des Canots d'escorce. Restoient le Pere Dauost, & cinq de nos François, ne demandez pas si le Pere estoit triste: voyant partir ses compagnons sans luy, & sans quasi rien porter des choses necessaires pour leur vie, & pour leurs habits: De verité ils ont monstré qu'ils auoient vn grand coeur! car le desir d'entrer dans le pays de la Croix, leur fit quitter leur petit bagage, pour ne point charger leurs Sauuages qui se trouuoient mal, se contentants des ornements de l'Autel, & se confiant du reste en la prouidence de nostre Seigneur, leur depart des trois Riuieres fut si precipité, qu'ils ne peurent pas nous rescrire : mais estant arriuez au lõg Sault, à quelque quatre vingts lieuës de Kebec, & rencontrant des Hurons qui descendoient, ils nous enuoyerent quelques lettres, dans l'vne desquelles le Pere Brebœuf ayant raconté les difficultez de son embarquement, parle ainsi : Ie prie V. R. de remercier, mais de bonne façon M. du Plessis, auquel apres Dieu nous deuõs certes grandement en nostre embarquement : car outre les presents qu'il a fait aux Sauuages, tant publics que particuliers, & la Porcelaine qu'il a traittée, il a tenu autant de conseils que nous auons desiré, il nous a fourny de viures au depart, & nous a honorez de plusieurs coups de Canon; & le tout auec vn grand soing & vn tesmoignage d'vne tres-particuliere affection.

Nous nous en allons à petites iournées bien sains, quand à nous, mais nos Sauuages sont tous malades, nous ramons continuellement, & ce d'autant plus que nos gens sont malades pour Dieu & pour les ames racheptés du sang du Fils de Dieu, que ne faut-il faire ! tous nos Sauuages sõt tres-cõtents de nous,& ne voudroiẽt pas en auoir embarqué d'autres; ils disent tant de biẽ de nous à ceux qu'ils rẽcõtrent, qu'ils leurs persuadent de n'en embarquer point d'autres, Dieu soit beny. V. R. excuse à l'escriture & l'ordre, & le tout: nous partons si matin, gistons si tard, & ramons si continuellement, que nous n'auons quasi pas le loisir de satisfaire à nos prieres; de sorte qu'il m'a fallu acheuer la presente à la lueur du feu, ce sont les propres paroles du Pere, qui adjouste en vn autre endroit, que les peuples par où ils passent sont quasi tous malades, & meurent en grand nombre. Il y a eu quelque espece d'Epidimie cette année, qui s'est mesme communiquée aux François, mais Dieu mercy personne n'en est mort, c'estoit vne façon de rougeolle, & vne oppression d estomach; reuenons aux trois Riuieres.

Ceux qui attendoient quelque autre occasion pour s'embarquer, furent confolez par la venuë de trois Canots, dans lesquels Monsieur du Plessis fit embarquer le Pere Dauost, & deux de nos François, auec vne vigilance incomparable, comme m'escrit le Pere. A quelque temps de là vindrent encore d'autres Hurons, il plaça dans leurs Canots & hommes & bagage; en vn mot tout ce qui restoit, si bien que trois de nos Peres, & six de nos François, sont montez aux Hurons.

Ils ont trois cents lieuës à faire dans des chemins qui font horreur à en ouyr parler les Hurons, auec lesquels ils vous cachent de deux iours en deux iours de leur farine pour manger au retour, il n'y a point d'autres hostelleries que ces cachettes, s'ils manquent à les retrouuer, où si quelqu'vn les desrobe, car ils sont larrons au dernier point, il se faut passer de manger, s'ils les retrouuent; ils ne font pas pour cela grande chere, le matin ils detrempent vn peu de cette farine auec de l'eau, & chacun en mange enuiron vne ecuellée; là dessus ils iouënt de leur auiron tout le iour & sur la nuit: ils mangent comme au point du iour, c'est la vie que doiuent mener nos Peres iusques à ce qu'ils soient arriués au païs de ces barbares, où estants, ils se feront bastir vne maison d'escorce, dans laquelle ils viuront de bled & de farine d'inde, de poisson en certain temps: pour la chair, comme il n'y a point de chasse où ils sont, ils n'en mangent pas six fois l'an, s'ils ne veulent manger leurs chiens, comme fait le peuple qui en nourrit, comme on fait des moutons en Fráce; leur boisson c'est de l'eau. Voila les delices du païs, pour les sains & pour les malades, le pain, le vin, les diuerses sortes de viandes, les fruits, & mille raffraichissements qui sõt en France, ne sont point encore entrés dans ces contrées.

La mõnoye dõt ils acheteront leurs viures, leur bois, leur maisõ d'écorce, & autres necessités, sont des petits canons ou tuiaux de verre, des couteaux, des alesnes, des castelognes, des chaudieres, des haches: & choses semblables, c'est l'argent qu'il faut porter auec soy: si la paix se fait entre les Hurons, & les Hiroquois, ie preuoy vne grande porte ouuerte à l'Euangile, nous dirons alors auec ioye & auec tristesse *messis, quidem multa operarij vero pauci* : car on vera la disette de personnes qui entendent les langues. I'apprend qu'en 25 ou 30 lieuës de pays qu'occupent les Hurons, d'autres en mettent bien moins; il se trouue plus de trente mille ames, la nation Neutre est bien plus peuplée, les Hiroquois le sont grandement, les Algonquains ont vn pays de fort grande estenduë. Ie ne souhaitterois maintenant que cinq ou six de nos Peres en chaqu'vne de ces nations, & cependant ie n'oserois les demander quoy que pour vn qu'on desire, il s'en presente dix tous prests de mourir dans ces croix : mais i'apprend que tout ce que nous auons en France pour cette mission est peu : comme dont prendrons nous les enfans, notamment de ces nations peuplées, pour les nourrir & les instruire, las ! faut il que les biens de la terre, empeschent les biens du Ciel ! que n'auons nous tant seulement les mies de pain qui tombent de la table des riches du monde, pour donner à ces petits enfans ! Ie ne me plains point, ie ne demande rien à qui que ce soit : mais ie ne puis tenir mes sentiments, quand ie voy que la fange (que font autres choses les biens d'icy bas) empesche que Dieu ne soit conneu & adoré de ces peuples. Et si quelqu'vn trouue estrange que ie parle en cette sorte, qu'il vienne, qu'il ouure les yeux, qu'ils voyent ces peuples crier apres le pain de la parole de Dieu, & s'il n'est touché de compassion, & s'il ne crie plus haut que moy, ie me condamray à vn perpetuel silence.

Le troisiesme d'Aoust Monsieur de Champlain retournant des trois Riuieres où il estoit allé apres le depart de nos Peres, nous dit qu'vn truchement François pour la nation Algonquine venant d'auec les Hurons, auoit rapporté nouuelle que le Pere Brebeuf souffroit grandement, que ses Sauuages estoient malades, qu'il ramoit incessamment pour les soulager : que le Pere Daniel estoit mort de faim, ou en grand danger d'en mourir, à raison que les Sauuages qui l'ont embarqué quittans le chemin ordinaire où ils auoient faict les chaches

de

de leurs viures, auoient tiré dans les bois, esperant trouuer vne certaine nation qui leur dôneroit à manger, mais n'ayant point trouué ce peuple errant qui s'estoit transporté ailleurs, on conjecture qu'ils sont tous, Sauuages & François en danger de mort; veu mesmement qu'il n'y a point de chasse en ce quartier là, & que la pluspart de ces Barbares sont malades, Dieu soit beny de tout. Ceux qui meurent allants au martyre, ne laissent pas d'estre martyrs. Quand au Pere Dauost, il se porte bien, mais les Sauuages qui le menent luy ont destrobé vne partie de son bagage; i'ay desia dit qu'estre Huron & Larron, ce n'est qu'vne mesme chose; voila ce qu'a rapporté ce truchement. Les Peres nous escrirons l'an qui vient, s'il plaist à Dieu, toutes les particularitez de leur voyage, nous ne sçaurions pas auoir de leurs nouuelles deuant ce temps-là : si leur petit equipage est perdu ou volé, ils sont pour beaucoup endurer en ces contrée, si esloignées de tout secours.

Le quatriéme, Monsieur du Plessis descendit des trois Riuieres comme ie l'allay saluër, il me dit qu'il nous amenoit vn petit Sauuage orphelin, nous en faisant present, pour luy seruir de pere; si tost qu'on aura moyen de recueillir ces pauures enfans, on en pourra auoir quelque nombre, qui seruiront par apres à la conuersion de leurs Compatriottes. Il nous dit encore qu'on trauailloit fort & ferme au lieu nommé les trois Riuieres, si bien que nos François ont maintenant trois habitations sur le grand fleuue de sainct Laurens, vne à Kebec fortifiée de nouueau, l'autre à quinze lieuës plus haut dans l'Isle de saincte Croix, où Monsieur de Champlain a faict bastir le fort de Richelieu. La troisiéme demeure se bastit aux trois Riuieres, quinze autres lieuës plus haut, c'est à dire à trente lieuës de Kebec. Incontinent apres le depart des vaisseaux, le Pere Iacques Buteux & moy irons là demeurer pour assister nos François, les nouuelles habitations estant ordinairement dangereuses, ie n'ay pas veu qu'il fut à propos d'y exposer le Pere Charles Lallemant, ny autres, le Pere Buteux y vient auec moy pour estudier à la langue.

V. R. connoistra maintenant, que la crainte qu'ont eu quelques vns que l'estranger ne vint vne autre fois rauager le pays, & empescher la conuersion de ces pauures Barbares n'est pas bien fondée: puis que les familles s'habituent icy, puis qu'on y bastit des forts & des demeures en plusieurs endroits, & que Monseigneur le Cardinal fauorise cette entreprise honorable deuant Dieu, & deuant les hommes. Cét esprit capable d'animer quatre corps, à ce que i'apprend, void de bien loing, ie le confesse, mais i'ay quelque creance, qu'il n'attend point de nos Sauuages qui entendent la parole de Dieu, & les veritez du Ciel par son entremise, car c'est luy qui nous a honorez de ses comandements, nous renuoyant en ces contrées auec la bien-veillance de Messieurs les Associez: Ie croy, dis-je, qu'il n'attend point de cette vigne, qu'il arrouse de ses soings les fruicts qu'elle luy presentera en terre, & qu'il les goustera vn iour dedans les Cieux. Pleust à Dieu qu'il veist cinq ou six cens Hurons, hommes grands, forts, & bien-faits, prester l'oreille aux bonnes nouuelles de l'Euangile qu'on leur va porter cette année: Ie me figure qu'il honoreroit parfois la nouuelle France d'vn de ses regards, & que cette veuë luy donneroit autant de contentement, que ces grandes actions dont il remplit l'Europe; car de procurer que le sang de Iesus-Christ soit appliqué aux ames pour lesquelles il est respandu, c'est vne gloire peu connuë des hommes, mais enuiée des grandes intelligences du Ciel,& de la terre.

Il est temps de sonner la retraitte, les vaisseaux sont prests à partir, & cependant ie nay pas encore releu ny interponctué cette grãde Relation, qui peut suffir pour trois années: V. R. iugera par la necessité que i'ay eu d'emprunter la main d'autruy, pour luy escrire que ie n'ay pas tout le loisir que ie pourrois desirer. Ie ne sçay cõme cela se fait, que les nouuelles s'escriuent tousiours auec empressement, aussi n'y recherche-on pas tant de politesse que la verité & la naïfueté, mon cœur a plus parlé que mes leures,& n'estoit la pensée que i'ay qu'en escriuant à vne personne, ie parle à plusieurs, il se respandroit bien dauantage.

Encore ce mot, puisque V.R. nous ayme si tendrement, & que ses soins nous viennent si puissamment secourir iusques au bout du mõde, dõnez-nous, mon R. P. s'il vous plaist des personnes capables d'apprendre les langues, nous pensions nous y appliquer, cette année, le Pere Lallemant, le Pere Buteux & moy, cette nouuelle habitation nous separe. Qui sçait si le Pere Daniel est encore en vie? & si le Pere Dauost arriuera auec les Hurons: car ses Sauuages ayans commencé à le derober, luy pourront bien iouër vn autre plus mauuais traict. Depuis la mort d'vn pauure miserable François massacré aux Hurons, on a découuert que ces Barbares auoiẽt fait noyer le R. P. Nicolas Recolect, tenu pour vn grand homme de bien; tout cecy nous fait voir qu'il est besoing de tenir icy le plus de Peres qu'on pourra; car si par exemple le Pere Brebœuf & moy venions à mourir, tout le peu que nous sçauons de la langue Huronne & Montaignaife fe perdroit, & ainfi ce feroit toufiours à recommencer, & à retarder le fruict que l'on defire recueillir de cette Miffion, Dieu fufcitera des perfonnes qui auront compaffion de tant d'ames, fecourás ceux qui les viennent chercher parmy tant de dangers; c'eft en luy que nous remercions tous V.R. de fon affection fi cordiale, & de fon affiftance, la fuppliant tres-humblement de fe fouuenir à l'Autel & à l'Oratoire de fes enfans, & de fes fubjets, notamment de celuy qui en a plus de befoin; lequel fe dira confidemment ce qu'il eft de tout fon cœur.

Mon R. PERE.

Voftre tres-humble & tres-obeïffant feruiteur en N. S. IESVS-CHRIST.
PAVL LE IEVNE.

De la petite Maifon de N. Dame des Anges, en la Nouuelle France, ce 7. d'Aouft 1634.

V. R. Nous permettera, s'il luy plaift, d'implorer prieres de tous nos Peres, & de tous nos freres de fa Prouince: Noftre grand fecours doit venir du Ciel.

www.ingramcontent.com/pod-product-compliance
Lightning Source LLC
Chambersburg PA
CBHW060500170426
43199CB00011B/1271